IN GUTER VERFASSUNG?

Nachdenken über
die Demokratie in Deutschland

IN GUTER VERFASSUNG?

Nachdenken über die Demokratie in Deutschland

Von Hildegard Hamm-Brücher

Satz aus der Bembo und Frutiger light
Druck und Bindung: Pustet, Regensburg
Gedruckt auf säurefreiem, alterungsbeständigem Papier
(hergestellt aus chlorfrei gebleichtem Zellstoff)
Printed in Germany
ISBN-10 3 406 54083 x
ISBN-13 978 3 406 54083 7

www.beck.de

INHALT

Geleitwort
von Richard von Weizsäcker

«Du weißt, wie wohl einem bei Menschen ist, denen die Freiheit des anderen heilig ist.» – Diese Freude, von der Friedrich Schiller an seinen vertrauten Freund Christian Gottfried Körner schrieb, verspüren wir bei der Begegnung mit Hildegard Hamm-Brücher. Sie hat uns in ihren aktiven Ämtern vorgelebt, dass Demokratie und Freiheit lebensgestaltende Werte sind. Mit den hier vorgelegten Reden und Aufsätzen lässt sie uns dies auf überzeugende Weise nachvollziehen und als bleibende Mahnung begreifen.

Zur Jugendzeit schon hatte sich ihr verantwortetes Gewissen gefestigt, als sie im weiten Freundeskreis der «Weißen Rose» Mut und Opferbereitschaft gegenüber brutaler Unterdrückung miterlebte. Früh hat sie die notwendige Kraft der Erinnerung für die freie menschliche Existenz verstanden und stets bewahrt.

Als unser erster Bundespräsident Theodor Heuss ihr auf überzeugende Weise eine politische Aktivität anempfahl, war sie bereits entscheidend dafür motiviert. In Wort und Tat folgten ihre für uns prägenden Beiträge zur demokratischen Bildung, Erziehung und Praxis. Später konnte sie sagen: «Ja, wir haben viel gelernt.» Zugleich fügt sie unermüdlich hinzu: «Wir haben aber niemals ausgelernt.»

Sie weiß, dass wir eine gute Verfassung haben, sofern wir uns immer eindringlich fragen, ob wir denn auch in einer guten Verfassung sind. Eine aktive Bürgergesellschaft ist es, was unsere Demokratie zu ihrem Leben braucht. Hildegard Hamm-Brücher gründete die Heuss-Stiftung, die unter ihren Impulsen bis zum heutigen Tag zu einem nimmermüden, unersetzlichen freiheitlichen Antrieb für unsere Gesellschaft herangewachsen ist.

In ihren zahlreichen politischen Ämtern hat sie unablässig und opferbereit ein Beispiel dafür gegeben, dass es bei jedem Mandat auf die Unabhängigkeit der Person ankommt, zumal auch in den eigenen Reihen der Parteiendemokratie. Zugleich hat sie sich mit kämpferischer Verlässlichkeit zu würdigen Vorreitern aus anderen Lagern, aber mit übereinstimmenden Überzeugungen bekannt, wie zum Beispiel zu Helmut Schmidt.

Die vorliegende Sammlung ist voller scharfsinniger und zugleich warmherziger Anregungen politischer und menschlicher Verantwortung. Wir bedürfen ihrer, um auch in der Zukunft nicht nachzulassen in der Sorge um unser demokratisches Gemeinwesen und um die Freiheit zu Hause und mit unseren Nachbarn.

Einleitung

Über diese Texte, ihre Botschaft und mein Demokratieverständnis

Willst du ein glückliches Leben,
verbinde es mit einem Ziel.
Albert Einstein

Diese Sammlung politischer Texte wurde seit Frühjahr 2005 vorbereitet, also noch vor Beginn der innenpolitisch turbulenten Zeiten, wie wir sie zuvor in der Geschichte der Bundesrepublik noch nie erlebt hatten: Die überstürzte, dem Buchstaben und Geist unserer Verfassung hohnsprechende vorzeitige Auflösung des Bundestages, der emotional angeheizte «Angie-Angie» – «Gerd-Gerd»-Kurzwahlkampf, der Express-Zusammenschluss zweier links-sozialistischer Gruppierungen, der zur Schwächung der Sozialdemokraten geschmiedet wurde, die von Heerscharen von Demoskopen bis in die letzte Minute ex cathedra verkündeten, falschen Prognosen zu Gunsten eines «schwarz-gelben» Wahlsieges und dementsprechend dann der Schock des tatsächlichen Wahlergebnisses am 18. September, der sich als Superdenkzettel der Wähler für beide Volksparteien erwies. Anschließend dann das wochenlange Pokerspiel um Koalitionen ohne Mehrheiten: statt Kärrnerarbeit an überfälligen Reformen Schaukämpfe und Personalgerangel. Schließlich die Bildung einer Großen Koaltion – «Ergebnis offen» – und einer buntgescheckten, gelb-grün-roten Opposition.

Denn derzeit kann man auch beim besten Willen nicht behaupten, dass unser (partei)politisches Gemeinwesen in guter Verfassung sei. Stattdessen haben wir eine Krise im Kreislauf demokratischer Abläufe, und es muss darüber nachgedacht werden, was alles geschehen müsste, um unserer Demokratie neue Impulse und Glaubwürdigkeit zu verleihen. Das ist mein Petitum!

Zwar kann das nicht allein durch eine Veröffentlichung von Texten zu dieser Thematik gelingen: angesichts von Bürgerfrust und Ratlosigkeit könnten diese jedoch zur Bewusstseinsbildung und zur Dringlichkeit grundlegender demokratiepolitischer Innovationen beitragen. Denn dass diese ebenso überfällig sind wie beispielsweise die Föderalismus-, Renten- und Gesundheitsreform, davon zeugen nicht nur die sommerlichen Turbulenzen, sondern zahllose Untersuchungen und Statistiken über zunehmenden Politik(er)-, Parteien- und gelegentlich sogar Demokratieverdruss, über Vertrauens- und Glaubwürdigkeitsverluste in die politisch Verantwortlichen. Und davon zeugt besagter Warnschuss-Denkzettel bei den Bundestagswahlen.

I. Die ausgewählten Themen

Um diese Bewusstseinsbildung geht es auch in dieser Sammlung von Texten, die in den letzten fünf Jahren bei den unterschiedlichsten Gelegenheiten entstanden sind, also nicht erst unter dem Eindruck der aktuellen Turbulenzen. Sie handeln von der Einsicht in die Notwendigkeit und Dringlichkeit demokratiepolitischer Innovationen, die nun, inklusive einiger grundsätzlichen Betrachtungen, an demokratiepolitischer Aktualität gewonnen haben. Beispiele dafür sind der Beitrag über die «demokratiepolitische Bedeutung deutscher Bundespräsidenten» (I.1.), der über die notwendige «Re-Vision unserer Verfassungswirklichkeit» (II.2.)

und über «Politik als Frauenberuf» (II.3.). – Auch die Texte, die zur Erinnerung an vergangene demokratiegeschichtliche Erfahrungen (auch des Scheiterns) und an ihre Irrtümer gemahnen, sind Beiträge, die zum Nachdenken über die Verfassung unserer Demokratie anregen möchten. Hier ist meine Danksagung anlässlich der Verleihung der Ehrendoktorwürde der Universität Jena «Haben wir aus den Irrtümern unserer Geschichte gelernt?» (I.2.) einschlägig oder meine Gedenkrede zum 20. Juli 2003 «Zerreißt den Mantel der Gleichgültigkeit» (V.1.). – Auch meine wiederholten Beiträge zur Erinnerung an das unermüdliche Wirken und Bewirken unseres ersten Bundespräsidenten Theodor Heuss zugunsten einer vitalen Demokratie als Lebensform (I.3. und IV.1.) gehören in dieses Kapitel. – Wieder andere Texte sind als Botschaften an meine Zuhörer/innen konzipiert, wie beispielsweise meine «Kanzelrede» in der Münchner Erlöser-Kirche (IV.2.) oder mein Plädoyer «Chancengerechtigkeit und lebenslanges Lernen» (II.4.) anlässlich des Semesterbeginns an der Freien Universität Berlin. Diese Beiträge und weitere einschlägige Texte, wie «Reformziel: Demokratische Bildung und Erziehung» (III.2.) oder «Demokratie lernen, erproben und erleben» (IV.3.), gehören zu dem mir über 50 Jahre immer wieder wichtigsten Thema, wie nachwachsende Generationen von frühauf mit Bedingungen für ein demokratisches Zusammenleben, also mit ihren Spielregeln, vertraut gemacht werden können und Gelegenheit erhalten, diese zu erproben. Leider ist Demokratiebildung und -erziehung ein nach wie vor vernachlässigter Erziehungsauftrag. Zwar gibt es heute bereits viel mehr einschlägig engagierte Lehrer als zu Beginn meiner Bemühungen, aber es gibt noch lange nicht genug. Jeder Lehrer müsste auch ein Demokratie-Erzieher sein! Für diese Einsicht fehlt es jedoch am Rückhalt im «Milieu» des (partei)politischen Denkens. Zwar werden das mangelnde

Politikinteresse junger Menschen und ihre diesbezügliche Abstinenz gelegentlich beklagt, die Aufgabe aber, wie beidem zu begegnen sei, stand noch nie auf einer parteiübergreifenden Prioritätenliste für Zukunftsaufgaben.

II.

Bei den für diesen Band ausgewählten Texten handelt es sich also um grundsätzliche, die Verfassung unserer Demokratie betreffende, nicht aber um aktuelle Probleme, wie beispielsweise Arbeitslosigkeit, Renten- und Sozialreformen, obwohl auch diese viel mit der fragilen Verfasstheit unseres politischen Gemeinwesens zu tun haben. Auch sie tragen zur sogenannten Politik(er)verdrossenheit, zum Vertrauensverlust in politisch verantwortliche Personen und Institutionen, sowie zum Eindruck anhaltender Reform- und Konsensunfähigkeit bei. Damit wird der demokratische und soziale Grundkonsens spürbar beeinträchtigt.

III.

Mögen auch manche der derzeit besorgniserregenden Signale temporär sein und wieder abklingen, für manches weitverbreitetes Unbehagen gibt es jedoch auch geschichtsbedingte Ursachen. Sie stammen aus nie vollständig überwundenen deutschen Vorbehalten gegen das Regelwerk einer freiheitlich-demokratischen Ordnung und den Erfahrungen des Scheiterns der ersten (Weimarer) Republik. Immer noch mangelt es an einhelliger Akzeptanz und Identifikation mit den Stärken der Demokratie, aber auch mit ihren systemimmanenten Schwächen, die immer wieder zu Besorgnissen Anlass geben. Beides gehört jedoch zu einem demokratischen Grundkonsens, wie er in fest verwurzelten Demokratien selbstverständlicher Bestandteil nationaler und gesellschaftlicher Identität ist. – Auch zu solcherlei Einsichten möchten die nachfolgenden Texte anregen und von ihrer Notwendigkeit überzeugen. Das ist ihre Botschaft.

IV.

Auch die Wahl des Titels dieses Textbuches wurde unabhängig von den aktuellen Turbulenzen gewählt: Er entstammt einer mahnenden Sentenz aus der Festansprache des damaligen Bundespräsidenten Richard von Weizsäcker anlässlich des 40-jährigen Jubiläums des Grundgesetzes (1989), die da lautet: «Ja, wir haben eine gute Verfassung, sind wir aber auch in guter Verfassung?»

Ich denke, dass diese Frage auch heute neuerlich zu stellen ist und neuer konkreter Antworten bedarf. Wie aber könnte das gelingen? Da es hierzulande für überparteiliche Politikberatung und -gestaltung keine «Royal Commissions» gibt, denen die britische Demokratie viele wichtige Impulse verdankt, schlage ich vor, dass bei uns alsbald eine analoge Form der demokratiepolitischen Innovationsfindung geschaffen wird, und zwar unter dem Protektorat des Bundespräsidenten oder einem seiner Vorgänger. Gefragt ist eine nationale Instanz, die über die Verfassung unserer Demokratie nachdenkt, ihre Defizite und Fehlentwicklungen bewusst macht sowie mehr Bürgerpartizipation anregt.

V.

Die termingerechte Auswahl der Texte und ihre redaktionelle Bearbeitung wäre ohne die sachkundige Assistenz von Beatrice von Weizsäcker nicht möglich gewesen. Dafür schulde ich ihr ebenso herzlichen Dank wie dem Verleger Wolfgang Beck, Detlef Felken und allen engagierten Mithelfern des Verlages C. H. Beck.

VI. Biografische Notizen

Noch ein erklärendes Vor-Wort darüber, weshalb mir die Verfassung unseres politischen Gemeinwesens seit 1945 (also über 60 Jahre) für die Zukunft unseres Landes und seine Identität so wichtig – ja lebenswichtig – war und ist. Meine nachhaltige Motivation ist aus meiner politischen Biografie zu erklären, die sich über eine so lange Lebensspanne erstreckt, wie sie wohl keinem deutschen Politiker beschieden war:

Bis zu meinem 24. Lebensjahr habe ich in einer von Zwang und Unterdrückung beherrschten Diktatur, in geistiger und politischer Unfreiheit und stets in existentiellen Ängsten gelebt. Angehörige, Freunde und Kommilitonen erlitten schreckliche Verfolgungen und/oder wurden Opfer dieser Diktatur. Ich überlebte und lebe seit nunmehr über 60 Jahren in einer, in ihrer Außenansicht relativ gut funktionierenden, in ihrer Innenansicht jedoch immer mal wieder labilen, in einer, was ihre moralischen Grundlagen betrifft, immer wieder ungefestigten Demokratie. Aber ich lebe angstfrei und in politischer und geistiger Freiheit. Das erlebe ich immer wieder als ein kostbares Geschenk!

Demzufolge habe ich den Werdegang und die Entwicklung unserer Demokratie seit dem Ende und dem Zusammenbruch der Nazi-Diktatur zu keiner Zeit aus der Distanz einer passiven Beobachterin betrachtet, vielmehr von der Pike auf an ihrem Aufbau und ihrer Gestaltung im Sinne Max Webers «mit Leidenschaft und Augenmaß» und «dennoch» sagen aktiv teilgehabt und mitgewirkt. Davon zeugt meine politische Vita von der jüngsten Münchner Stadträtin (1948–56), über 22 Jahre Bayerischer Landtag (mit einer Unterbrechung bis 1976) und 16 Jahre Deutscher Bundestag, inklusive zwölf Jahre Regierungsämter und einer, zwar von Anbeginn aussichtslosen, dennoch aber ehrenvollen Kandidatur zum Amt des Bundespräsidenten (1994).

Dieser aktive Lebensabschnitt ist zwar Mitte der Neunziger Jahre – nach mehr als 50-jähriger politischer «Dienstzeit» – zu Ende gegangen, er liegt jedoch, wie aus den Texten ersichtlich, bis heute nicht vollends brach. Diese dokumentieren, dass mich bei aller alltäglichen Sacharbeit in Parlamenten, Parteigremien und Organisationen das Wohl und Wehe unserer Demokratie und ihrer Verfassung begleitet und geleitet hat. Mein Beruf als Politikerin hatte immer das Ziel, mit meinen Kräften zu einer Politik des «nie wieder Unfreiheit» beizutragen.

Am Anfang dieses Berufsweges standen die Persönlichkeit und das demokratische Wirken und Bewirken des ersten Bundespräsidenten Theodor Heuss. Es war seine nüchtern-warnende Vision, die er nach seiner Wahl im September 1949 in einer Ansprache auf dem Bonner Marktplatz wie folgt formulierte: *«wenn unsere Verfassung nicht im Bewusstsein und in der Freude des Volkes lebendig ist, bleibt sie ein Stück Machtgeschichte der Parteienkämpfe, die wohl nötig sind, aber nicht den Sinn (der Verfassung) erfüllen»*, die mich überzeugt und immer wieder inspiriert hat. Ich setzte mir das Ziel, dazu beizutragen, dass die Angebote des Grundgesetzes zum Fundament für eine neue Identität der Deutschen werden und «im Bewusstsein und in der Freude des Volkes» lebendig werden sollten.

Dieses gründungsväterliche Verfassungsverständnis von Heuss hat mich über mein ganzes politisches Leben begleitet und immer wieder angespornt. Ich wollte, dass eine neue demokratische Identität – unter Rückbesinnung auf die folgenschweren Irrtümer und Irrwege unserer Geschichte – aufwachsen und aus diesem gemeinsamen Bemühen eine neue Verbundenheit entstehen könnte, die nie wieder gefährdet oder gar preisgegeben werden dürfte.

Keinen Hurra-Patriotismus mehr und keine «verjährten Gesinnungen», wovor Heuss immer wieder gewarnt hatte. Die einvernehmliche Definition dieses Selbstverständnisses war und ist bis heute immer wieder ein wunder Punkt.

Auch davon ist in den Texten dieses Buches die Rede; expressiv verbis in der Danksagung anlässlich der Verleihung des Heinz-Galinski Preises «Mit Tränen säen und mit Freuden ernten» (V. 2.) und in meiner Gedenkrede anlässlich des 20. Juli 2003 «Zerreißt den Mantel der Gleichgültigkeit» (V. 1.).

VII.

Wie ist es mir bei all meinen Bemühungen um das Aufwachsen einer so verstandenen demokratischen Identität ergangen, und was bedeutete dieses Verständnis für den Kodex meiner persönlichen Grundwerte? Vor allem wollte ich mich um Übereinstimmung meines politischen Denkens, Redens und Handelns bemühen, um unbedingte Verfassungstreue und die strikte Einhaltung demokratischer Spielregeln. In diesem Rahmen verstand ich mich – entsprechend dem Gebot des Artikels 38 des Grundgesetzes – als *«Vertreterin des ganzen Volkes, die an Aufträge und Weisungen nicht gebunden und nur ihrem Gewissen unterworfen ist»,* also weder als Parteifunktionärin noch als «Parteisoldatin», was mir so manches Ärgernis eingetragen hat. (Darüber habe ich an anderen Stellen berichtet.) Ich beharrte auf dem Recht zum eigenständigen Denken und Reden, zu eigenverantwortlichen Entscheidungen und der inneren Freiheit, von Fall zu Fall auch parteipolitisch Andersorientierten zuzustimmen. Dies alles wirklich angstfrei tun zu können, ohne Mobbing oder gar Sanktionen befürchten zu müssen, daran wollte ich nicht nur für mich, sondern für alle Volksvertreter das Gütesiegel unserer parlamentarischen Demokratie erkennen. So manches Mal vergeblich. «Augenmaß *und* Leidenschaft» zur Politik, das bedeutet nämlich nicht nur Begeisterung und Hingabe, sondern auch die Erfahrung, dass diese Art der Hingabe auch Leiden schafft. Dafür stehen meine jahrelangen (oft vergeblichen) Bemühungen für innerparlamentarische Reformen und die Stärkung der Rechte des Abgeordneten.

Auch mit meinen Aktivitäten zugunsten der Stärkung unserer demokratischen Identität und Partizipation erlebte ich beides, sowohl Begeisterung als auch Enttäuschungen: zum Beispiel als ich anlässlich des 50. Jahrestages der Verabschiedung des Grundgesetzes (1999) zusammen mit vielen anderen Bürgerinitiativen und Organisationen die bundesweiten «Wochen der Bürgergesellschaft» initiierte, die in einer bunten «love-parade for democracy» gipfelten. Da gab es bei letzterer zwar viel Gaudi und einen Empfang bei Bundestagspräsident Wolfgang Thierse, aber in Sachen demokratischer Partizipation folgte, trotz einer einschlägigen Eingabe an den Deutschen Bundestag, kein nachhaltiger Auftrieb. Teile unserer Petition versandeten mit einer unverbindlich-nichtssagenden Antwort der Volksvertretung.

VIII. Auf der Suche nach demokratischer Identität

Auch die nationale Vereinigung der beiden 40 Jahre geteilten Deutschlands brachte keinen nachhaltigen gesamtdeutschen demokratischen Schub, stattdessen häufig besorgniserregende Schübe von rechts mit «verjährten Gesinnungen» und gewalttätigem Fremden- und Judenhass.

Bis heute halte ich es für einen sehr schwerwiegenden Fehler, vielleicht sogar für eine auf lange Zeit nicht wieder gutzumachende Unterlassungssünde, dass es anlässlich der Vereinigung der beiden deutschen Teilstaaten nicht gelungen ist, gemäß dem Gebot des Artikels 146 Grundgesetz über die Annahme des Grundgesetzes für alle Deutschen per Referendum abzustimmen. Statt diesen weisen Auftrag der Verfassungsväter zu erfüllen und unsere, nun allen Deutschen gemeinsame Verfassung im «Bewusstsein und in der Freude» des ganzen deutschen Volkes zu konstituieren, wurde sie den einstmals «Brüder und Schwestern» (nun «Ossis») genannten Landsleuten einfach übergestülpt, samt unseren in vierzig Jahren gewachsenen, für Ostdeutsche jedoch ungewohnten und nicht immer sozialverträglichen Lebensformen. – Um die Einsicht, dass es diese Kluft im Demokratieverständnis zwischen Ost und West ist, die die eigentliche Entfremdung erzeugt und das Zusammenwachsen beeinträchtigt, um diese Einsicht und um Maßnahmen zur Abhilfe mogeln sich die politisch Verantwortlichen herum.

Darauf aber wird es in Zukunft, in einer sich weiter globalisierenden Welt mehr denn je ankommen: Sich weder abzuschotten, noch «verjährte Gesinnungen» zu stimulieren. Vielmehr gilt es, eine demokratische Identität aller Deutschen aufwachsen zu lassen, die in den Erfahrungen unserer Geschichte wurzelt und sich in einer deutsch-europäischen Leitkultur verwirklicht. Dazu beizutragen habe ich mich in fast 60 Jahren bemüht: einem demokratischen Deutschland zu dienen, ohne deutsch-nationalistische Beigaben und ohne Verdrängungen und «Schlussstrich-Tendenzen», wie sie nun wieder häufiger zu hören sind. Ich bekenne, dass ich eine in der Wolle schwarz-rot-gelb gefärbte Demokratin bin, ohne Sympathien für jedwedes schwarz-weiß-rot oder für die Reichskriegsflagge unseligen Angedenkens. Ich hoffe und wünsche, dass wir Deutschen zuerst und vor allem unsere demokratische Identität stärken und dass sich diese mit einer geläuterten nationalen und europäischen Identität zusammenfügt.

IX. Loslassen und festhalten

Und auf noch etwas Prinzipielles kommt es mir an: Politikern wird, anlässlich ihrer Entlassung aus Ämtern, Würden und von Bürden immer wieder empfohlen, sich im Ruhestand im «loslassen» zu üben. Das ist ein guter und vernünftiger Rat, den ich im Verlauf der letzten 15 Jahre oft – vielleicht aber nicht oft genug – befolgt habe. Denn so manches Mal ertappe ich mich dabei, daran zu zweifeln, ob es mit dem «loslassen» (also des sich nicht mehr verantwortlich, sich außer «Obligo» zu fühlen) ein Bewenden haben kann und darf? Geht es mich wirklich nichts mehr an, wenn immer mehr Menschen von Parteien und Parlamenten nichts mehr wissen wollen, wenn junge Menschen – mangels zivilbürgerlicher Bildung und Erziehung – erst gar keinen Zugang zu selbstverantwortlichen Spiel- und Verhaltensregeln finden – wenn die Unfähigkeit zu überfälligen Reformen das Zutrauen der Bürger in demokratische Kompetenzen erschüttert? Und so weiter – und so weiter . . Soll mir das alles egal sein? Ist mir wegsehen und Schultern zucken erlaubt? Oder gilt es nicht, auch festzuhalten, sich nach wie vor mitverantwortlich zu fühlen und sich einzumischen? Davon, was ich *nicht* loslassen möchte, davon handeln die folgenden sechzehn Texte und davon, woran ich festhalten möchte, weil ich es für die Zukunft unserer Demokratie als unverzichtbar halte. Zu dieser Zukunft in der jeweiligen Gegenwart beizutragen, das war, das ist und das bleibt (auch im Ruhestand) mein Ziel, auf das es – laut Einstein – für ein glückliches Leben ankommt. Und (auch) damit hat er Recht!

Hildegard Hamm-Brücher
München, im November 2005

I AUF DER SUCHE NACH DEMOKRATISCHER IDENTITÄT

1 Ermutigen und warnen

Anmerkungen zur demokratiepolitischen Bedeutung deutscher Bundespräsidenten

(Süddeutsche Zeitung, 9. Januar 2004)

I.

Nun, da die Wahl des neunten Bundespräsidenten seit 1949 bevorsteht und dieserhalben viel orakelt und gekungelt wird, könnte es von Nutzen sein, einige grundsätzliche Betrachtungen über die meines Erachtens viel zu wenig gewürdigte demokratiepolitische Bedeutung dieses Amtes anzustellen, das, ungeachtet seiner kargen verfassungsgemäßen Befugnisse, von den jeweiligen Amtsinhabern durch eindrucksvolle demokratiegeschichtliche und demokratiestärkende Interventionen geprägt und aufgewertet wurde. Bewusst provozierend möchte ich die – auf eigenen Erfahrungen gründende und in diesem Beitrag begründete - These vertreten, dass sich dieses Amt und seine Inhaber im Laufe von fünf Jahrzehnten, bei vielen Anlässen mindestens ebensoviel, wenn nicht gar mehr Verdienste um die Akzeptanz und Glaubwürdigkeit unserer, vergleichsweise immer noch jungen Demokratie erworben haben, als Inhaber anderer, mit weit mehr politischer «Macht» ausgestattete Verfassungsorgane und Institutionen, die dies nicht, oder nicht zureichend geleistet haben.

Was aber wissen wir heute noch von diesen Verdiensten um das Aufwachsen und die Festigung der Grundlagen unserer Demokratie, was von den Auseinandersetzungen mit ihren Gefährdungen? Und was erinnern wir von der bleibenden Bedeutung diesbezüglicher Einsätze unserer Bundespräsidenten?

Dies alles einmal zur Sprache zu bringen und zu würdigen, scheint mir geboten – nicht nur angesichts der Schnelllebigkeit unserer Zeit und der noch schneller vergessenden Zeitgenossen, sondern als ein notwendiges «Memento» hinsichtlich der Auswahl künftiger Bundespräsidenten. Da wäre es angezeigt, die demokratiepolitischen Leistungen früherer Präsidenten, quasi als Messlatte für künftige Auswahlkriterien anzusetzen, und sie deutlich höher zu legen als es das übliche Parteikalkül für nötig befindet. Das möchte ich, die ich alle Bundespräsidenten (bis auf Heinrich Lübke) während meines eigenen fast 50-jährigen politischen Engagements persönlich gut gekannt, ihr jeweiliges Tun und Lassen begleitet und mich vor zehn Jahren auf eine Kandidatur für das Präsidentenamt vorbereitet habe, mit diesem Beitrag versuchen.

Da es jedoch im Rahmen eines Zeitungsartikels nicht möglich ist, den demokratiepolitischen Leistungen aller acht bisherigen Bundespräsidenten gerecht zu werden, beschränke ich meine Rückblicke auf drei von ihnen, denen es gelungen ist, ihre demokratiepolitischen Anliegen «zur Chefsache» des Präsidenten zu machen und die hierfür notwendigen Freiräume im «Paragrafengespinst» des Präsidentenamtes selber zu bestimmen und in weiterführende Denk- und Handlungsanstöße umzusetzen. Das gilt insbesondere für die Auseinandersetzung mit grundsätzlichen, jedoch tages- und parteipolitisch umstrittenen «Erblasten», die nach den Verhängnissen und Verstrickungen der NS-Diktatur, zunächst in jahrzehntelangen schmerzlichen Prozessen aufgearbeitet werden mussten, bevor sich für uns Deutsche der Weg zu einer neuen Identität eröffnen konnte.

Diese, meine These möchte ich an drei ausgewählten Präsidenten, an *Theodor Heuss* (1949–59) an *Gustav Heinemann* (1969–74) und an *Richard von Weizsäcker* (1984–94) zu beweisen versuchen.

II.

Zuvor jedoch noch ein kleiner Einschub: Wie war es zu dem restriktiven Zuschnitt des Bundespräsidentenamtes in den Artikeln 54 bis 61 des Grundgesetzes gekommen?

Nur noch wenige Deutsche werden sich daran erinnern, dass bei der Schaffung des Grundgesetzes die bitteren Erfahrungen mit der 1933 gescheiterten Weimarer Verfassung traumatisch fortwirkten. Dazu gehörte auch die darin konstituierte Machtfülle des Reichspräsidenten. Zum Beispiel bei Regierungsbildungen, Parlamentsauflösung, Notstandsgesetzgebung und zum bitteren Ende bei der Ernennung Hitlers zum Reichskanzler, mit der der Untergang der ersten deutschen Demokratie besiegelt wurde.

Solcherlei sich als verhängnisvoll erwiesene Machtverteilung sollte sich nach 1945 nicht wiederholen. Bonn sollte und durfte nicht Weimar werden, und deshalb haben die Architekten des Grundgesetzes einerseits die parlamentarisch kontrollierten Institutionen unserer zweiten Demokratie gestärkt und andererseits die Position des Staatsoberhauptes auf das von Heuss nach seiner Wahl am 12. September 1949 wie folgt beschriebene Wächter- und Mittleramt begrenzt:

«Mir scheint, dass dieses Amt, in das ich nun gestellt bin, keine Ellbogenveranstaltung ist, sondern den Sinn hat, über den Kämpfen, die kommen, die nötig sind, die ein Stück des politischen Lebens darstellen, nun als ausgleichende Kraft vorhanden ist. Was ist denn das Amt des Präsidenten der Bundesrepublik? Es ist bis jetzt ein Paragrafengespinst gewesen. Von

dieser Stunde an ist es ein Amt, das mit Menschentum erfüllt ist … und die Frage ist nun wie wir … aus diesem Amt etwas wie eine Tradition, etwas wie eine Kraft schaffen, die Maß und Gewicht besitzt und im politischen Kräftespiel sich selber darstellen will…»

Wie diese «Kraft zu schaffen» sei, das umschrieb Heuss bei späteren Gelegenheiten mit der lapidaren angelsächsischen Formel: *«to encourage and to warn»*.

«Ermutigen und warnen», damit ist das politische Potential des Präsidentenamtes im Rahmen des Grundgesetzes und das Amtsverständnis seiner jeweiligen Inhaber in seiner unbegrenzten Vielfalt aber auch in seiner realen Begrenzung eindrücklich charakterisiert. Ob und wie dieses Potential nutzbar gemacht wurde und mit welcher Intensität unsere Präsidenten als Einzelne und in ihrer Gesamtheit (bisweilen unbequeme) *«Maßstäbe»* gesetzt, *«Gewichte»* eingebracht und als *«ausgleichende Kraft gewirkt»* haben, genau das macht – auch ohne Insignien politischer Macht – die moralische Vollmacht dieses Amtes aus.

Zum Beispiel: Was wäre aus den notwendigen nationalen Klärungsprozessen geworden, ohne die oft unbequemen Mahnungen und Ermutigungen unserer Präsidenten? Was aus der oft anfangs vergeblichen Suche nach Einsicht in kollektive Verantwortlichkeiten und nach Wiedergutmachung? Um wie viel labiler wäre unsere Demokratie ohne die beharrlich mahnenden und verpflichtenden Appelle der Präsidenten zur Stärkung und Verbesserung unserer Mitverantwortung und bei der Überwindung demokratischer Defizite und Fehlentwicklungen? Was hat ihre Persönlichkeit als Vorbildfunktion bei nachwachsenden Generationen bedeutet?

All das muss meiner Ansicht nach auf die Waagschale gelegt werden, wenn wir uns nun, in neuerlich krisenhaften Zeiten anschicken, unser neuntes Staatsoberhaupt zu küren. Und deshalb liegt mir daran, das von Heuss beschworene Verständnis für die Kraftquellen des Amtes und die daraus erwachsenden moralischen Vollmachten an drei Beispielen in Erinnerung zu bringen.

III. Theodor Heuss:
«Demokratie ist keine Glücksversicherung, sondern das Ergebnis politischer Bildung und demokratischer Gesinnung.»

Die Wahl von Theodor Heuss zum ersten Bundespräsidenten am 12. Sept. 1949 galt zunächst eher als ein typischer Adenauer-Coup zur Einbindung der FDP in die knappe bürgerliche Mehrheit der Koalition; Heuss erwies sich jedoch sehr bald schon als ein Glücksfall für unser seinerzeit noch instabiles und politisch kaum konsolidiertes demokratisches Gemeinwesen. Schon die ersten beiden Ansprachen nach seiner Wahl lesen sich im Rückblick wie ein Programm zur Legitimierung unserer zweiten Demokratie und zwar sowohl als Staats- aber auch als einer, von Heuss immer wieder begründeten Lebensform. Sie künden von seiner Entschlossenheit, an beidem nach Kräften mitzuwirken.

Hierzu zwei Texte:

Vor der Bundesversammlung:

«Es ist das geschichtliche Leid der Deutschen, dass die Demokratie von ihnen nicht erkämpft wurde, sondern als letzte Möglichkeit der Legitimierung des Gesamtlebens kam, wenn der Staat in Katastrophen zusammengebrochen war. Das ist die Last, in der der Beginn nach 1918, in der der Beginn heute steht: Das Fertigwerden mit den Vergangenheiten ... Wir dürfen es uns nicht leicht machen, nun das zu vergessen, was die Hitlerzeit uns gebracht hat ...»

Auf dem Bonner Marktplatz:

Das ist nun «ein großer symbolischer Tag», ... an dem «ein neues Stück deutscher Geschichte» begonnen habe ... «Denn wenn unsere Verfassung nicht im Bewusstsein und in der Freude des Volkes lebendig ist, dann bleibt sie eine Machtgeschichte von Parteienkämpfen, die wohl notwendig sind, aber nicht den inneren Sinn erfüllen …»

Mit diesen beiden Passagen hatte Heuss unserer Republik eine Art «Taufspruch» in die Wiege gelegt. So jedenfalls habe ich sie (damals achtundzwanzigjährig) verstanden und mir seither zu eigen gemacht.

Heussens gedanklichen Anstöße, wie die 1949 noch skeptischen Bundesbürger für eine freiheitliche Ordnung zu gewinnen seien, gehören zu den wichtigsten und schließlich erfolgreichsten Leistungen des ersten Bundespräsidenten im Verlauf des ersten Jahrzehnts der Geschichte der Bundesrepublik. Über die Schwierigkeiten dieses Prozesses und seine Dauer, machte er sich, auch gegenüber uns frischgebackenen Bundesbürgern keine Illusionen. Immer wieder mahnte er zu Geduld und ermutigte zum Mittun. Denn *«Demokratie ist keine Zauberformel für die Nöte unserer Welt»* und *«Demokratie und Freiheit sind nicht nur Worte, sondern lebensgestaltende Werte». (12. September 1949)*

So verstanden gab es für ihn unendlich viel zu «ermutigen» und unendlich viel zu «warnen». Davon zeugen nicht nur seine Reden, die heute noch lesens- und beherzigenswert sind, sondern auch die ungezählten Beispiele seines diesbezüglichen Handelns und Verhaltens, vor allem in punkto «Fertigwerden mit den Vergangenheiten»: *«Wir dürfen nicht vergessen, was die Menschen gern vergessen möchten: Die Nürnberger Gesetze, den Judenstern, die Synagogenbrände, den Abtransport jüdischer Menschen ins Unglück, in den Tod …»* So war er der erste deutsche Politiker, der sich zum «Recht auf Widerstand» der Männer des 20. Juli und aller Opfer millionenfacher Verfolgung bekannte; er war der erste, der ein ehemaliges KZ (Bergen-Belsen) und die dort errichtete Gedenkstätte besuchte. Er war der erste Politiker, dem es nach der Gründung der BRD gelang, die enttäuschte und desillusionierte Kriegsgeneration für einen neuen Anfang zu gewinnen und zum demokratischen Engagement anzustiften. – Reformfreudigen Lehrern empfahl er «Allotria» als wichtigste Vorgabe für erfolgreiche Schulreformen, die er mit der Gründung einer Kommission mit Namen «Deutscher Ausschuss für das Erziehungs- und Bildungswesen» auf den Weg bringen wollte. (Bei Berücksichtigung ihrer Überlegungen und Vorschläge hätten wir uns die PISA-Schlappe erspart!) Er war es, der den «Wissenschaftsrat» zur länderübergreifenden Zusammenarbeit von Hochschulen und Wissenschaft ins Leben rief und einen beratenden Beirat zur Belebung und Gestaltung der «Auswärtigen Kulturpolitik» initiierte. Er war es, der ungezählte kulturelle und künstlerische Vorhaben in der Absicht förderte, «Macht und Geist zu versöhnen» und sich unter vielen anderem zur Herausgabe einer Enzyklopädie der «Großen Deutschen» bereit fand. Und nicht zuletzt: Er besaß einen entwaffnenden Humor, mit dem er mehr bewirkte als mit «Gardinenpredigten».

Manche seiner Anliegen und Initiativen blieben während oder nach seiner Amtszeit ganz oder teilweise auf der Strecke; alle waren aber einen Versuch wert. Zum Beispiel der Versuch zur Schaffung einer neuen Nationalhymne oder seine Warnungen vor dem «*Aufleben verjährter Gesinnungen*», vor «*obrigkeitsstaatlichem Lakaientum*» oder einer abermaligen «*Flucht in politische Romantik*». Auch wünschte er sich «*Entkrampfung*» als Programm seiner Präsidentschaft und ein neues Geschichtsbild, da es nicht genüge «*das alte in einer Reinigungsanstalt*» weiß zu waschen.

Am Ende seiner zehnjährigen Amtszeit gab es viele namhafte Stimmen, die sich eine dritte Amtszeit samt Grundgesetzänderung wünschten. Heuss wehrte umgehend und vehement ab, das Grundgesetz zu ändern «*bloß, weil gerade ein netter Mann am Platze sei*». – Basta!

Mein Resümee: Die erste, ebenso weitsichtige wie viele positive demokratische Impulse stiftende Präsidentschaft von Theodor Heuss hat entscheidend dazu beigetragen, dass Bonn nicht Weimar werden konnte.

IV. Gustav Heinemann: Anstöße geben – Anstoß erregen

20 Jahre nach Gründung der Bundesrepublik und zehn Jahre nach dem Ende der erstes Demokratie-Vertrauen begründenden Ära Heuss betrat mit Gustav Heinemann ein völlig anderer Präsidententyp das Feld präsidentieller Wirkungsmöglichkeiten. Seine Präsidentschaft fiel von 1969–74 in die erste gravierende Krisenzeit unserer Republik, es gab viel Turbulenzen, aber auch Auf- und Umbrüche. Im Gegensatz zum urbanen, humorvollen und verbindlichen Bildungsbürger Heuss war Heinemann ein herber, ein unbequemer, sehr politischer Präsident. In seiner Antrittsrede bat er Bürgerinnen und Bürger um *«kritische Begleitung»*, und das hielt er auch so. Seit dem Kirchenkampf war er ein ausgewiesen «bekennender Christ», der stets verneinte, dass es eine von einer Partei verordnete «christliche Politik» gäbe, allenfalls eine «Politik in christlicher Verantwortung», und das nahm er lebenslang ernst. Gern und oft dankte er, auch öffentlich, für *«die Freundlichkeiten Gottes»*, was seine Zuhörer oft verdutzte, sie jedoch nie belächelten. Er war ein durch und durch gestrenger Pflichtmensch, jedoch mit allen Attributen menschlicher und zwischenmenschlicher Güte und spürbarer sozialer Wärme. In der Auseinandersetzung mit der Adenauerschen Westpolitik war er, inklusive Ministerrücktritt und Parteiaustritt, konsequenter Verfechter gesamtdeutscher Belange und dementsprechend hielt er jede Aufrüstung als Hindernis für die Überwindung der deutschen Teilung. Auch widersprach er im propagan-

distisch anschwellenden Kalten Krieg, dessen Fronten quer durch das geteilte Deutschland liefen, jedweder ideologischen Aufrüstung. Für ihn war nicht der Krieg, sondern «*der Frieden der Ernstfall*».

Kein anderer Bundespräsident hat so viele eigenständige demokratie- und geschichtspolitische Überzeugungen mit ins Amt gebracht, so viele Anstöße gegeben und so viel Anstoß erregt wie Gustav Heinemann. Ungeachtet aller innenpolitischen Turbulenzen ist er ihnen während seiner Amtszeit treu geblieben und hat dafür viel Kritik eingeheimst. Für ihn war und blieb Deutschland ein «schwieriges Vaterland» und unermüdlich warnte er vor einem Rückfall in autoritär-obrigkeitsstaatliche Denk- und Verhaltensweisen. An der überlieferten deutschen Geschichtsschreibung missfiel ihm die einseitige Verklärung deutscher Großmachtsträume und die Verkürzung oder Unterschlagung engagierter deutscher Freiheitsvisionen. Unser Grundgesetz bezeichnete er als «großes Angebot» und «ermunterte» seine Landsleute zu regem Gebrauch. Eines seiner Lieblingsthemen war: Der lange Weg vom Untertanen zum mündigen Bürger, und den beschrieb er gerne mit der Geschichte jenes braven Schneiderleins, das etwa Mitte des 19. Jahrhunderts, anlässlich des Besuches seines Landesvaters, am Eingang zu seiner Werkstatt ein Schild mit der Aufschrift befestigte: «*Lieber Landesvater, unter Deinen Flügeln kann ich ruhig bügeln.*» Damit hatte er nicht nur Lacher auf seiner Seite, sondern auch Nachdenklichkeit. Auch Heinemann wollte dem Amt das Steifzeremonielle und die Bürgerferne nehmen. So ulkte er zum Beispiel, er wolle auf präsidentiellen Einladungen die Formel einführen: «Kleidung beliebig, aber erwünscht.»

Um seiner couragierten Überzeugungen willen fand er Zustimmung und Akzeptanz vor allem bei jungen Deutschen, die von der Ära Adenauer enttäuscht, von ihrer gesellschaftlichen Reformunfähigkeit verbittert und über das Verschweigen und Beschweigen der NS-Vergangenheit der Vätergeneration entrüstet waren.

Seine Präsidentschaft fiel ja in die turbulenten Jahre der Studentenunruhen, des gesellschaftlichen Aufbruchs und teilweise radikaler Bewusstseinsänderungen. Man wollte mehr Demokratie wagen und zu einer Politik der Entspannung und Verständigung mit den früheren Kriegsgegnern in Osteuropa beitragen. Frieden zu bewahren, darauf konzentrierte Heinemann viele Denkanstöße und Initiativen: 1970 wurden gemäß seiner Vorschläge die «Gesellschaft für Friedens- und Konfliktforschung» und das «Forum für Entwicklungspolitik» gegründet.

Dennoch und trotz aller neuen Impulse: Der Generationenbruch war eklatant, aber er wäre noch katastrophaler und dauerhafter ausgefallen, wenn es nicht Politiker wie Gustav Heinemann gegeben hätte, die den Dialog nicht abreißen ließen. Er verstand und teilte zwar die Ungeduld der kritisch aufbegehrenden ersten Nach-Hitler-Generation, nicht aber ihren Hang an irdische Heilslehren zu glauben, und er verurteilte jede Tendenz, sie gar gewalttätig durchsetzen zu wollen. Immer und überall empfahl er den mühsamen Weg der Reformen mit Augenmaß und realistischer Vernunft.

Am Beispiel der Präsidentschaft Gustav Heinemanns stellte ich mir erstmals die Frage, ob es für eine glaubwürdig über Parteien- und Mehrheitsmeinungen stehende Amtsausübung eines Bundespräsidenten nicht sogar von Vorteil ist, wenn er ohne exekutive Machtbefugnisse und Zuständigkeiten wirken kann. Mehr als andere Präsidenten hat er das scheinbare Macht-Manko des Amtes als Chance begriffen und sie ergriffen. Sein persönlicher Mut, sich den Strömungen seiner Zeit kritisch zu stellen (gelegentlich entgegen zu stellen), sich als ehrlicher Mittler zwischen Staat und

Bürger zu verstehen und mit seinem Tun und (Unter-)Lassen eine neue weiterführende Tradition der Freiheit zu begründen und vorzuleben, hat er zu seiner Zeit nicht nur mehr Demokratie gewagt, sondern auch mehr Demokratie gewonnen. Das hat ihn für Land und Leute zum ersten Verfassungspatrioten «zum anfassen» gemacht.

V. Richard von Weizsäcker: «Wir haben eine gute Verfassung, sind wir aber auch in guter Verfassung?»

Zehn Jahre nach dem Ende der Amtszeit von Gustav Heinemann begann mit Richard von Weizsäcker neuerlich eine höchst spannende Ära des «Ermutigen und Warnens». Sie fiel abermals in eine Zeit wachsenden innenpolitischen Unbehagens, begleitet von gewaltigen europa- und weltpolitischen Auf- und Umbrüchen.

Von allen Bundespräsidenten war Weizsäcker wohl der staats- und weltmännischste. Nach der ersten Halbzeit in Bonn entfaltete er im Berliner Amtssitz, Schloss Bellevue, eine glanzvolle Präsidentschaft. Er war erst in den 70er Jahren auf Umwegen zum aktiven Politiker geworden, die «Ochsentour» ist ihm stets erspart geblieben, und als Präsident glich er eher einem aufgeklärten Patriarchen als einem erklärten Bürgerpräsidenten.

Meine Erinnerungen kreisen vor allem um drei Schwerpunkte seines Wirkens und Bewirkens: um seine ungezählten Mahnungen und Ermutigungen zur Verfassung unserer Demokratie als Staats- und als Lebensform, um seine Beiträge vor, während und nach der Beendigung des Kalten Krieges und der ersehnten, aber nicht vorhergesehenen Wiedervereinigung und drittens um seine nationale und internationale Reputation eines aufgeklärten Europäers, der die schrecklichen Ereignisse und Erfahrungen von zwei europäischen Weltkriegen und die Folgen einer Menschen anderer Rassen und Kulturen verachtenden und vernichtenden Diktatur zum cetero censeo seines europa- und weltpolitischen Denkens und Handelns machte.

Zu diesen drei Schwerpunkten gab es unter seiner Präsidentschaft viel zu warnen, aber es gab auch viel zu ermutigen, und was Richard von Weizsäcker unter beidem verstand und wie er es zum Ausdruck brachte, das gipfelte in jener heute zurecht als «historisch» bezeichneten Rede am 8. Mai 1985 anlässlich der 40. Wiederkehr des Kriegsendes und der Nazi-Diktatur. Ich erlebte sie als Mitglied des Bundestages und war wie die meisten Zuhörer zutiefst aufgewühlt.

Zur Erinnerung einige, hierfür bedeutsame Passagen:

«Der 8. Mai ist für uns Deutsche vor allem ein Tag der Erinnerung ... Er ist zugleich ein Tag des Nachdenkens über den Gang unserer Geschichte. Je ehrlicher wir ihn begehen, desto freier sind wir, uns seinen Folgen verantwortlich zu stellen ... Wir haben allen Grund den 8. Mai 1945 als das Ende eines Irrweges deutscher Geschichte zu erkennen, das den Keim der Hoffnung auf eine bessere Zukunft barg ...»

«Wir alle, ob schuldig oder nicht, ob alt oder jung, müssen die Vergangenheit annehmen. Wir alle sind von ihren Folgen betroffen und für sie in Haftung genommen. Jüngere und Ältere müssen und können sich gegenseitig helfen, warum es lebenswichtig ist, die Erinnerung wachzuhalten ... Wer vor der Vergangenheit die Augen verschließt, wird blind für die Gegenwart. Wer sich der Unmenschlichkeit nicht erinnern will, der wird wieder anfällig für neue Ansteckungsgefahren ...»

«Bei uns ist eine neue Generation herangewachsen. Die Jungen sind nicht verantwortlich, was damals geschah. Aber sie sind verantwortlich für das, was in der Geschichte daraus wird ...»

Eine in ähnlicher Weise bahnbrechende Rede hielt Weizsäcker anlässlich der 40. Wiederkehr der Annahme des

Grundgesetzes am 23. Mai 1989, die in dem Satz gipfelte: «*Ja, wir haben eine gute Verfassung! Sind wir aber in guter Verfassung?*» Mit dieser Fragestellung begründete und eröffnete er seine zahlreichen Interventionen hinsichtlich aktueller demokratischer Missstände, Fehlentwicklungen und Ärgernisse, und dies zum wachsenden Ärger (meist hinter vorgehaltener Hand), vor allem im eigenen Lager, angeführt von Bundeskanzler Helmut Kohl.

Dennoch ließ er sich nicht vom Kurs des «Warnens und Ermutigens» abhalten, denn zurecht besorgten ihn die Folgen zahlreicher Skandale, die damals die Republik erschütterten, außerdem die damals einsetzende und ständig zunehmende Politik(er)verdrossenheit und das beängstigende Anwachsen rechtsextremistischer Gruppierungen, inklusive der bis zu Gewalttaten eskalierenden Fremdenfeindlichkeit. Auch warnte er vor der Gefährdung unserer demokratischen Kultur infolge der «*Machtbesessenheit und Machtvergessenheit*» der politischen Parteien, in der er zu ihrem Ärger eine Bedrohung sowohl der Glaubwürdigkeit als auch der Akzeptanz unserer immer wieder mal krisenanfälligen Demokratie erkannte.

VI.

Meine Rückblicke zusammenfassend: Am Wirken unserer Bundespräsidenten, inklusive der hier nicht hervorgehobenen Persönlichkeiten, habe ich im Laufe der Jahrzehnte verstehen gelernt, wie wichtig und richtig es war, ist und bleiben wird, ein Staatsoberhaupt zu haben, das fern aller parteiischen Machtkonstellationen, die persönliche Konstitution (Wissen und Gewissen) besitzt, die geschriebene, gelebte und erlebte Verfassung unseres Gemeinwesens «*im Bewusstsein und in der Freude des Volkes lebendig zu halten*» und damit die Voraussetzungen und die Beständigkeit einer alle Deutschen verbindenden und für alle Deutschen verbindlichen Identität zu schaffen und zu erhalten.

Dafür brauchte unser scheinbar so ohnmächtiges Präsidentenamt meines Erachtens nicht durch Zugaben von Zuständigkeiten und Befugnissen angereichert zu werden, das gelingt auch und allein durch die Bestärkung seiner moralischen Vollmachten und den parteienübergreifenden Rückhalt seiner Amtsinhaber. Das lässt sich weniger durch Verfassungsartikel garantieren, als durch die Stärkung der Unabhängigkeit der Amtsinhaber erreichen. Dazu könnte entweder ein parteienproporzübergreifendes Auswahlverfahren (ähnlich wie zum Beispiel bei Verfassungsrichtern) beitragen, und/oder die Einführung der Volkswahl des Präsidenten, wie in aller Welt üblich, – in jedem Fall aber für nur eine einmalige, dann aber siebenjährige Amtszeit.

Nicht die Ohnmacht des Präsidentenamtes ist zu beklagen, vielmehr der im öffentlichen Leben überhandnehmende Einfluss der politischen Parteien und Großverbände und ihre mangelnde Bereitschaft, über allfällige Veränderungen wenigstens einmal laut nachzudenken. Vor allem ist es jedoch notwendig, die vergleichsweise immer noch machtlose Zivilgesellschaft, sprich das «Volk», von dem nach Artikel 20 GG «alle Staatsgewalt ausgeht», zu «ermuntern, vom großen Angebot» (Heinemann) des Grundgesetzes den «rechten Gebrauch» (Heuss) zu machen.

2 Haben wir aus den Irrtümern unserer Geschichte gelernt?

1945 bis 2005: Streifzüge und Reflexionen über Demokratiegeschichte und Demokratiebewusstsein

(Danksagung anlässlich der Verleihung der Ehrendoktorwürde der Friedrich Schiller Universität Jena am 14. Juni 2005)

I. Auftakt und Reflexionen

Nach dem «Sinn der Geschichte» gefragt, antwortete der jüdisch-deutsch-britische Sozialphilosoph Karl Popper Anfang der fünfziger Jahre: *«Anstatt nach dem verborgenen Sinn der Geschichte zu fragen, müssen wir der Geschichte einen Sinn geben. Wir müssen aus den Irrtümern unserer Geschichte lernen und dabei auch die Irrtümer anderer als Schritte zur Wahrheit erkennen ...»* Und später: *«Wir müssen uns unserer politischen Geschichte stellen und damit uns selbst ... und die (oft) sinnlose Tragik der Geschichte als eine Aufgabe begreifen, unser bestes zu tun, um die künftige Geschichte sinnvoller zu machen.»*

Heute – anlässlich der Verleihung der Ehrendoktorwürde der Friedrich Schiller Universität in Jena – habe ich dieses Zitat an den Anfang meiner Dankesrede gestellt, um Sie auf die von mir gewählte Thematik einzustimmen. Sie kreist um die Frage, ob und inwieweit es uns gelungen ist, in den 60 Jahren seit der Befreiung von der Hitler-Diktatur uns unserer Geschichte zu stellen, im Popperschen Sinne aus ihren Irrtümern zu lernen und es als eine identitätsstiftende Aufgabe zu begreifen, sie sinnvoller zu gestalten.

Meine Darlegungen hierzu sind kein wissenschaftlich abgewogener Beitrag, vielmehr politisch-zeitgeschichtlicher und auch persönlicher Natur. Deshalb bezeichne ich sie nicht als Bestandsaufnahme, sondern als Streifzüge durch die demokratiepolitische Geschichte der Nach-Hitler-Zeit. Als Streifzüge, die sowohl unsere Demokratie als Staatsform, als auch – gleich bedeutsam – als Lebensform für alle Bürger/-innen betreffen. Es geht mir um die Evaluierung eines – meines – Stücks erlebter Zeitgeschichte – allerdings nur in Kurzform, denn dieses Pensum ist für eine akademische Danksagung natürlich überdimensioniert. Wenn ich es dennoch wage, dann nenne ich dafür drei, mir triftige Gründe: Zuerst und vor allem weil es sich um die Bilanz des Teilstückes meiner Lebensarbeit handelt, für die Sie mich heute ehren wollen. Dafür schulde ich Ihnen nicht nur aufrichtigen Dank, sondern – wie ich meine – auch Rechenschaft! Zum zweiten darf ich wohl davon ausgehen, dass meine biographischen und politischen Erfahrungen über nunmehr fast acht Lebensjahrzehnte, darunter fünf in aktiver politischer Verantwortung, eine so ungewöhnlich lange Zeitspanne sind, dass sie – vor allem für nachwachsende Generationen – zumindest Informationsgewinn bringen können. Oft staune ich selber, was ein Mensch in der vergleichsweise kurzen Spanne seines Lebens alles erleben und erfahren kann. Darüber wird man demütig.

Nicht zuletzt empfinde ich es als eine freundliche Fügung, dass meine Ehrenpromotion justament in den Tagen der 200. Wiederkehr des Todestages Friedrich Schillers stattfindet und uns in Jena damit auch an jene Antrittsvorlesung vom 26. Mai 1789 (wenige Wochen vor Beginn der Französischen Revolution) erinnert, die den verheißungsvollen Titel trägt: «Was heißt und zu welchem Ende studiert man Universalgeschichte?»

Es wäre freilich vermessen, wenn ich mich als Schiller-

Interpretin gerieren wollte. Dennoch ist es nicht vermessen, vielleicht sogar angemessen, auf zwei Anknüpfungspunkte hinzuweisen, die auch heute aktuell und bedenkenswert sind: Einmal ist es das mitreißende Pathos, mit dem der junge Historiker Friedrich Schiller (als erklärter Protagonist der Aufklärung) seine Hörer zum aufgeklärten und dogmenfreien Denken auffordert. Ich zitiere:

«Fruchtbar und weit umfassend ist das Gebiet der Geschichte; in ihrem Kreise liegt die ganze moralische Welt. ... Es ist keiner unter Ihnen, dem Geschichte nicht etwas Wichtiges zu sagen hätte; alle noch so verschiedenen Bahnen Ihrer künftigen Bestimmung verknüpfen sich irgendwo mit derselben. Eine Bestimmung aber teilen Sie alle ... miteinander, diejenige, ... sich als Menschen auszubilden – und zu dem Menschen eben redet die Geschichte.»

Schillers Bekenntnis und leidenschaftlicher Appell zu aufgeklärtem geschichtspolitischem Denken ist, wie wir wissen, vor allem in Deutschland nur sehr allmählich und wechselvoll im konkreten politischen Handeln richtungsweisend und wirksam geworden. Allein deshalb ist es erinnernswert.

Zum anderen sind auch die pädagogischen Intentionen Schillers höchst aktuell, mit denen er seine Hörer geradezu beschwört, sich Kenntnisse der «Universalgeschichte» für ihr bürgerliches, für ihr bürgerschaftliches Selbstverständnis anzueignen. Nochmals Schiller:

«Aus der Geschichte erst werden Sie lernen, einen Wert auf die Güter zu legen, denen Gewohnheit und unangefochtener Besitz so gern unsere Dankbarkeit rauben. Wie verschieden auch die Bestimmung sei, die Sie in der bürgerlichen Gesellschaft erwartet – etwas zusteuern können Sie alle!»

Schiller betont also die Bedeutung der Kenntnis von Geschichte als Quelle für das Verständnis der politischen Gegenwart, und er warnt vor Geschichtsvergessenheit.

Auch das gilt – wie ich meine – bis heute und ist im Hinblick auf unser zeitgeschichtliches Identitätsdefizit aktuell! Da ist zum Beispiel die alltägliche Versuchung der Politiker, im Fernsehen, um der Publizität willen, schnellstmöglich punkten zu wollen, was nicht nur zur Verkürzung und Vereinfachung komplexer Probleme beiträgt, sondern auch dazu, dass es uns immer weniger gelingt, unser demokratisches Selbstverständnis mit geschichtlichen Erfahrungen und verbindlichen Einsichten zu festigen und damit eine reife und angemessene Ausbildung nationaler Identitäten zu ermöglichen.

Nun, da dieses Manko offenkundig geworden ist, soll Abhilfe in Form eines Allround- «Patriotismus» «von oben» geschaffen werden. In einer freien Gesellschaft lassen sich jedoch weder Patriotismus, noch Leitkulturen und Identitäten verordnen, und schon gar nicht, wenn sie nichts anderes sind als parteipolitisch aufgezäumte «Remakes» alter Denkmuster. Stattdessen müssen wir neue Identitäten aus demokratischen Wurzeln und aus den seit 1945 gewachsenen Gemeinsamkeiten und Erfahrungen neu begründen. Albert Einstein – ein anderer großer Jubilar dieses Jahres – hat hierzu eine kluge Einsicht beigesteuert: *«Wir können unsere Probleme nicht mit den Denkmustern lösen, die zu ihnen geführt haben.»* Wie wahr! Und wie beherzigenswert! Den Politikern ins Stammbuch!

Das Gleiche galt auch für die immensen Probleme der Nach-Hitler-Zeit. Diese nicht mit den alten, sondern mit «neuen Denkmustern» anzugehen und zu lösen, so definierte ich auch meine eigenen politischen Intentionen.

Angeregt durch Theodor Heuss, später durch Karl Popper, Ralf Dahrendorf und noch später Jürgen Habermas, durch Historiker wie Karl Dietrich Bracher, Heinrich August Winkler und Norbert Frei wurde so verstandenes geschichtsbewusstes politisches Denken und Handeln zu meiner Lebensaufgabe.

An dieser Stelle ist es wohl angezeigt, einige biographische Anmerkungen einzufügen: Ich denke, dass es das leidvolle Schicksal meiner Jugendzeit war und das hautnahe Erleben der Ausgrenzung, Verfolgung und Ermordung vieler Menschen in meinem Lebensumfeld, und zudem das unglaubliche Glück, von Verfolgung (jedenfalls physisch) verschont geblieben zu sein, dass ich bereits 1945 begann, mich politisch zu engagieren. (Zunächst allerdings nur auf (Zeitungs-)Papier.) Im Sinne der Flugblätter der Studenten der «Weißen Rose», zu deren weiterem Freundeskreis ich während des Krieges gehörte, stand für mich fest, dass ich persönlich dazu beitragen wollte, *«Exempel zu statuieren»,* dass sich ähnliches nie, nie wiederholen könne. (So hatte es im vierten Flugblatt geheißen.) Es galt, *«den Mantel der Gleichgültigkeit zu zerreißen»* und für die Ideale zu leben, für die Freunde und Kommilitonen ihr junges Leben geopfert hatten. Demzufolge stand und steht mein politisches Denken und Handeln bis heute unter den geschichtlichen Erfahrungen der NS-Diktatur, ihrer Ursachen und verhängnisvollen Folgen.

Woher aber sollte ich das politische Rüstzeug nehmen, um dies anzupacken? Die ersten entscheidenden Anstöße hierzu gab mir mein späterer politischer Ziehvater Theodor Heuss bereits 1946. Er war der erste Deutsche, der mich von den Möglichkeiten einer demokratischen Staats- und Lebensform überzeugte und von der Notwendigkeit, aus unserer politischen Geschichte und ihren Irrtümern dauerhaft Konsequenzen zu ziehen. Und noch etwas: Theodor Heuss hat – ob im Parlamentarischen Rat, während seiner 10-jährigen Bundespräsidentschaft (1949–59) oder in seinen Reden und Schriften – kaum je eine Gelegenheit ausgelassen, seine politischen Positionen in geistesgeschichtliche und historische Zusammenhänge zu stellen. Damit wollte er sowohl an «Irrtümer» und Fehlentwicklungen in unserer Demokratiegeschichte gemahnen, als auch auf die Notwendigkeit des Umdenkens als Voraussetzung für einen Neuanfang hinweisen und damit zu demokratischem Bürger- und Geschichtsbewusstsein ermutigen.

II. Streifzüge durch die Demokratiegeschichte der Nach-Hitler-Zeit

1945: Die Stunde Null. Erkundungen und erste Gehversuche

Doch zurück zur sogenannten Stunde Null am 8. Mai 1945. Was damals Not tat, möchte ich mit jener anschaulichen Metapher überschreiben, die der deutsche Philosoph der Aufklärung (und Naturwissenschaftler) Georg Christoph Lichtenberg (1742–99) angesichts der revolutionären Umbrüche in Frankreich formuliert hat: *«Eine Republik zu bauen auf den Trümmern einer niedergerissenen Monarchie (Diktatur) ist freilich ein schwieriges Problem. Es gelingt nicht, bis das jeder Stein neubehauen ist.»* Dieses eindrückliche Bild des Steine-neu-Behauens veranschaulicht treffend die schier unermessliche Sisyphusarbeit nach Kriegsende. Wer vermag dies heute noch zu ermessen: die unvorstellbaren Trümmerberge unserer Wohn- und Arbeitsstätten, unserer Lebenshoffnungen und zusammengebrochenen Illusionen? Die Verzweiflung der durch die Teilung Deutschlands abermals zerrissenen Familien?

Wer erinnert sich noch an die ganz wenigen Deutschen, die politisch unbelastet, bereit und imstande waren, auf den Trümmern des Unrechtsstaates, Steine für eine freiheitliche Ordnung zu behauen, nicht wissend, ob und wie diese Ordnung überhaupt entstehen und gestaltet werden könnte? Konnte das nach dem kläglichen Scheitern der Weimarer Demokratie und nach dem Säkulum totaler Unfreiheit überhaupt gelingen? Im Vergleich zu anderen westlichen Staaten waren wir ja nicht nur eine «verspätete Nation» (Helmuth Plessner, 1935 und 1956), sondern auch eine «verspätete», zweimal gescheiterte Demokratie, die wir nun, bereits zum zweiten Mal nach einem verlorenen Krieg und zusammengebrochenen Staatsformen, «von oben» verordnet bekamen. Denn unsere ersten demokratischen Gehversuche wurden ja von den (untereinander ganz und gar nicht mehr «alliierten») westlichen Siegermächten angeordnet. Bereits ab Mitte 1945 ließen sie in ihren Besatzungszonen die ersten örtlichen Parteien zu und ordneten baldige Gemeindewahlen an. – In der sowjetisch besetzten Zone begann alsbald der Druck zum «Block» und zu einer «sozialistischen Einheitspartei».

Vor allem aber ging es den Siegern darum, die ehemaligen Nazis auszuschalten. Zu diesem Ziele wurde die sogenannte «Entnazifizierung» auf einen bürokratischen Fragebogen-Weg gebracht, was sich als ein wenig erfolgreiches Unterfangen erwies. «Persilscheine» gab es dafür gratis, ganz einfach weil eine Hand die andere weißwusch. Auch wurden nach den großen Nürnberger Kriegsverbrecher-Tribunalen noch etliche, vergleichsweise «kleinere» Prozesse vor allem gegen KZ-Schergen und Massenmörder durchgeführt. Bis 1949 wurden in den westlichen Besatzungszonen etwa 4400 NS-Straftäter rechtskräftig verurteilt. Die entsprechenden Zahlen aus der sowjetisch besetzten Zone sind mir nicht zuverlässig bekannt.

Die damalige Volksmeinung war gegen diese Prozesse, sie bezeichnete sie als «Siegerjustiz». Zeitweise grassierte selbst bei ansonsten prominenten Kämpfern für die Wiedereinführung der Todesstrafe das sogenannte Begnadigungsfieber. Die Minderheit der Nazi-Gegner aber hielt die Prozesse für dringend geboten. Stellvertretend nenne ich den hessischen Generalstaatsanwalt Fritz Bauer, der sich unermüdlich für die juristische Aufarbeitung von NS-Verbrechen und zum Beispiel auch gegen die Verleugnung und Diffamierung der Widerstandskämpfer des 20. Juli einsetzte. Auch über diese Thematik gab es in der Folgezeit immer wieder heftige Kontroversen, und erst in den 70er Jahren wuchs – wie Umfragen belegen – die Akzeptanz der Westdeutschen in Sachen Widerstand.

Insgesamt war die Aufarbeitung der NS-Erblasten in der BRD ein langer, dornenreicher Weg, den ich kurz skizzieren möchte, weil er in der DDR so ganz anders, vordergründig rigoroser verlief. Erst 1958 wurde die Zentralstelle zur Erfassung von NS-Verbrechen in Ludwigsburg errichtet, die sehr erfolgreich arbeitete und gegen mehr als 100 000 Personen ermittelte. 1963 und 1975 fanden die ersten langjährigen Auschwitz- und Maidanek-Prozesse in Frankfurt und Düsseldorf statt, und erst 1979, nach dreimaligen Anläufen (1960, 65, 69) wurden die Verjährungsfristen für Mord aufgehoben. Dann vergingen weitere Jahrzehnte – bis in die 1990er Jahre hinein –, bis ungesühnte Kriegsverbrechen und Menschenrechtsverletzungen (soweit überhaupt noch möglich) aufgedeckt und abgeurteilt wurden. Ende der 80er Jahre gelang es noch einigen MdB's aus allen Fraktionen (bis auf die CSU), gegen die Regierung äußerst bescheidene Entschädigungen an Opfer sozialer Verfolgung (unter anderem an Zwangssterilisierte, Euthanasie-Opfer, Zigeuner, Homosexuelle) durchzusetzen. Ganz zu allerletzt gelang schließlich Ende der 1990er Jahre (gegen den hinhaltenden Widerstand weiter Teile der Wirtschaft, u.a. der männlichen Flick-Erben) noch die Entschädigung der Überlebenden von Millionen vor allem osteuropäischer Sklavenarbeiter.

Ich habe an diesen Teil der Aufarbeitung moralischer «Erblasten» aus der NS-Zeit bereits an dieser Stelle zusammenfassend erinnert, weil sie in der Geschichte der Demokratiewerdung in der BRD von Anbeginn bis heute eine existentielle Rolle gespielt hat und gegen immer wieder aufbrechende – mal mehr, mal weniger – lautstarke «Schlussstrich-Tendenzen» durchgestanden werden musste. Immer wieder war es die Probe aufs Exempel, ob wir auf dem weiten Feld der sogenannten Wiedergutmachung bereit und willens waren, uns den folgenschwersten «Irrtümern unserer Geschichte» zu stellen, daraus Konsequenzen zu ziehen und ihre dauerhafte Aufarbeitung als Aufgabe zu begreifen. Dabei stand die Nach-Hitler-Zeit in Westdeutschland und der Aufbau und die Gestaltung unserer Demokratie von Anbeginn unter zwei Bewährungsproben: Einmal war es der Aufbau einer von Grund auf neu verfassten staatlichen und gesellschaftlichen demokratischen Ordnung und zum anderen war es die immer wieder virulente Konfrontation mit den Hinterlassenschaften der NS-Diktatur, inklusive ihrer immer wieder hochkommenden und Zulauf findenden ideologischen Versatzstücke. Oft war ich an jenes Psalm-Wort erinnert, das uns gebietet «mit Tränen zu säen», um «mit Freuden» ernten zu können (126. Psalm).

Über die vier Epochen der Demokratiegeschichte. 1948 bis 2005

Doch zurück zu den endvierziger Jahren: Mit der Schaffung des Grundgesetzes und der Gründung der BRD begann 1948/49 unsere eigentliche und eigenständige Demokratiegeschichte. Denn nun lag es allein an uns, unsere politischen Irrtümer zu erkennen und daraus Konsequenzen zu ziehen. Dazu gab es mehr als genug Gelegenheiten. Das Grundgesetz mit seiner Garantie der Grundrechte und einigen weiteren wichtigen Korrekturen von Weimarer «Irrtümern» musste sich in der Verfassungswirklichkeit bewähren. Eine Fülle von Folgegesetzen mussten geschaffen werden, und vor allem galt es, dem bereits Ende der 1940er Jahre neu auflebenden Rechtsextremismus, Rassismus und Antisemitismus den Kampf anzusagen. All das waren Felder, auf denen Irrtümer erkannt, «Exempel statuiert» und unendlich viele «Steine neu behauen» werden mussten.

Dazu beizutragen, war ich nach Kräften bemüht. (Ab 1948 als jüngste Münchner Stadträtin und ab 1950 insgesamt 22 Jahre als Bayerische Landtagsabgeordnete.) Dabei wurde vor allem Bildungs- und Demokratiepolitik zum A und O meines politischen Denkens und Handelns – und blieb es bis heute. Auch war mir immer das frühzeitige Einüben demokratischer Tugenden, wie Fairness, Zivilcourage und Toleranz wichtig, ebenso wie die Einhaltung von Spielregeln und ein zivilisierter Umgang zwischen politischen Gegnern, kurz das Aufwachsen in demokratischen Lebensformen von Kindesbeinen an. Mehr als einmal erlitt ich damit Schiffbruch (nicht nur beim politischen Gegner, sondern auch in der eigenen Partei und bei Interessengruppen) und geriet zwischen alle Stühle.

Die eigentliche Demokratiewerdung Westdeutschlands – wie zum Beispiel die Schaffung demokratischer Institutionen und die Belebung von Parteien und Gewerkschaften – verlief zunächst ziemlich schleppend. Nur sehr allmählich überwanden desillusionierte Kriegsheimkehrer («Ohne-mich-Generation») ihre Teilnahmslosigkeit und Enttäuschung. Das Grundgesetz war und blieb für die Mehrheit der Bundesbürger noch lange Zeit ein Buch mit «Sieben Siegeln», und wenn es das florierende Wirtschaftswunder nicht gegeben hätte, aber auch zunehmend nachwachsende junge engagierte Demokraten, zu denen ich zählte: Noch bis in die 60er Jahre schien es keinesfalls sicher, ob «Bonn nicht doch hätte Weimar» werden können.

Die politische Entwicklung der BRD lässt sich in vier große Epochen unterteilen, die ich kurz skizzieren möchte:

Die erste Epoche, die Ära Adenauer, reicht von der Gründung der BRD bis in die Anfänge der 60er Jahre. Demokratiegeschichtlich bezeichne ich sie als eine Art Probezeit, rechtskonservativ und demokratiepolitisch gekennzeichnet von beängstigenden Schwankungen (Amnestie- und Schlussstrich-Gesetze, Jahre des Beschweigens und Verdrängens). Dennoch scheint mir die Bezeichnung «Restauration» für die Adenauer-Epoche aus heutiger Sicht zu pauschal.

Beispiele: die eindeutige Westbindung, der beginnende Aussöhnungsprozess mit Frankreich, ein erster Staatsvertrag mit Israel (ohne parlamentarische Mehrheit in den Regierungsfraktionen) und ein erstes – allerdings beschämend restriktives und alsbald revisionsbedürftiges – Wiedergutmachungsgesetz.

Die zweite Epoche von 1969–82 brachte unter einer sozialliberalen Koalition einen ersten demokratischen Aufbruch (Brandt/Scheel, ab 1974 Schmidt/Genscher). Ich möchte sie – im Vergleich mit der heutigen Reformunlust – sowohl demokratiepolitisch (mehr Demokratie wagen!) als auch innen- und außenpolitisch als die wohl interessanteste Reformepoche der BRD bezeichnen. Es gab einen bemerkenswerten bildungspolitischen Aufbruch zu mehr Chancengleichheit und für den quantitativen Ausbau aller Bildungseinrichtungen, Ganztagsschulen, Vorschulerziehung etc. (zu dem ich als Staatssekretärin im Bundesministerium für Bildung und Wissenschaft bis 1972 zumindest temporär einiges beitragen konnte). Die Herausforderungen der Studentenbewegung wirkten reformpolitisch zunächst mobilisierend, im Zuge ihrer später teilweise gewaltbereiten Radikalisierung jedoch gegenläufig wirksam, mit der Folge eines mehr oder weniger restaurativen bildungspolitischen «Roll-back», das über Jahrzehnte unangefochten dahindümpelte und erst in jüngster Zeit, angesichts der alarmierenden Ergebnisse der PISA-Studie einen neuen Anlauf nahm. Dazwischen lagen bildungspolitisch 30 verlorene

Jahre. Das bleibende, historische Wahrzeichen der sozialliberalen Koalition ist und bleibt jedoch das Wagnis einer visionären Ost- und Entspannungspolitik, samt den Verträgen mit Polen, der UdSSR und DDR sowie durch Vereinbarungen für vertrauensbildende Maßnahmen (Schlussakte von Helsinki) und wachsende kulturpolitische Zusammenarbeit (zu der ich als Staatsministerin im Auswärtigen Amt von 1976 bis 1982 ein gewichtiges Scherflein beitragen konnte). Meine Bilanz lautet: Ohne das Wagnis der seitens der damaligen CDU/CSU-Opposition jahrelang heiß umstrittenen Ost- und Entspannungspolitik hätte die ab 1983 folgende dritte Epoche unter der Regierung Kohl/Genscher mit Mauerfall und Wiedervereinigung wohl kaum so erfolgreich verlaufen können.

Die dritte Epoche der Nach-Hitler-Zeit von 1982 bis 1998 brachte die über vier Jahrzehnte millionenfach beschworene, von niemand ernsthaft erwartete friedliche Vereinigung Deutschlands und Europas. Unser aller Begeisterung folgte alsbald Ernüchterung. Die im Grundgesetz proklamierte «Einheit Deutschlands zu vollenden» erwies und erweist sich als sehr viel mühsamer als erwartet. Wechselseitigen Enttäuschungen und neuerlichen Entfremdungstendenzen zwischen «Ost und West» versuchte ich durch meine Kirchentagsarbeit in West und Ost und mit einer kleinen Schrift «Wider die Selbstgerechtigkeit der BRD» (oft wenig erfolgreich) zu begegnen.

Seit 1998 erleben wir nun in Schwierigkeiten vereint die vierte, die sogenannte Rot-Grüne Epoche, die der Massenarbeitslosigkeit nicht Herr wurde und deren ernsthafte Reformbemühungen zwischen Rechts und Links zerrieben wurden.

Und in welcher Verfassung sind wir heute? Lassen sie mich einiges über den derzeitigen Status unserer Demokratie als Staats- und als Lebensform, sowie zur Verfasstheit der Zivilgesellschaft sagen.

Demokratie als Staatsform und als Lebensform

Wie einschlägige Untersuchungen eindringlich belegen, befindet sich unsere Demokratie derzeit im Zustand einer prekären parteipolitischen Polarisierung und in zunehmender Distanz und Entfremdung zwischen «Parteienstaat» und Zivilgesellschaft. Das muss uns an analoge (wenn auch damals weit gravierendere) Symptome der Weimarer Republik insoweit gemahnen, als wir diese Entwicklung nicht einfach als Bagatellen abtun dürfen. Als langjährige engagierte Volksvertreterin habe ich bereits in den 80er Jahren festgestellt, dass es sich dabei nicht um temporäre Entfremdungen handelt, sondern um Symptome einer Malaise im Kreislauf demokratischer Abläufe, die auf Dauer die Staatsform Demokratie gefährdet und zugleich auch ihre zivilgesellschaftliche Akzeptanz reduziert. Dabei erinnerte ich mich an eine Mahnung, die uns der erste Bundespräsident Theodor Heuss hinterlassen hat:

> *«Wenn unsere Verfassung nicht im Bewusstsein und in der Freude des Volkes lebendig ist, dann bleibt sie eine Machtgeschichte von Parteienkämpfen, die wohl notwendig sind, aber nicht ihren inneren Sinn erfüllen.»*

Diese Mahnung ist meines Erachtens auch heute hochaktuell und muss bedacht werden. Eine künftige Bundesregierung muss sich, abgesehen von der Föderalismusreform, vordringlich um die Überwindung der Diskrepanz zwischen Verfassungsgeboten und ihrer Verkümmerung beziehungsweise Nichtbefolgung in der Verfassungswirklichkeit bemühen.

Hierfür zwei Merkpunkte:

1. Die Missachtung der im Grundgesetz vorgeschriebenen Gewaltenteilung zwischen Legislative und Exekutive hat sich zugunsten der Exekutive umgewichtet, mit der Folge, dass die eigentliche Kontroll- und Initiativfunktion des Parlaments als erste Gewalt im Staat lahmt.

2. Der in den Grundgesetzartikeln 20, 21 und 38 vorgeschriebene Kreislauf zwischen der Staatsgewalt, die «vom Volke ausgehen» soll, den Parteien, die «an der Willensbildung des Volkes mitwirken» und dem Abgeordneten, der «als Vertreter des ganzen Volkes an Aufträge und Weisungen nicht gebunden und nur seinem Gewissen unterworfen» sein soll, hat sich in der Verfassungswirklichkeit ins schiere Gegenteil verkehrt.

Hier nur mein diesbezügliches Petitum: Um unsere wirklich gute Verfassung «im Bewusstsein und in der Freude des Volkes lebendig» zu erhalten und nicht durch «Parteienmachtkämpfe» zu entwerten, brauchen wir eine Rundum-Erneuerung unseres parlamentarisch-repräsentativen Systems und die Wiederherstellung seiner Glaubwürdigkeit.

Stärken und Schwächen unserer demokratischen Zivilgesellschaft

Die letzte Station meiner Streifzüge handelt von den Stärken und Schwächen unserer Zivilgesellschaft. Sie ist ja der Nährboden und das Übungsfeld der Lebensform Demokratie – und damit entscheidend für das Selbstverständnis als zweite Säule der Demokratie. Zwar ist es im Laufe der letzten sechs Jahrzehnte weitgehend gelungen, den überlieferten Obrigkeitsstaat und die verkrustete Untertanengesellschaft zu überwinden und an ihrer Stelle eine demokratische Bürgergesellschaft aufwachsen zu lassen. Es ist jedoch nachzufragen, wo im zivilgesellschaftlichen Ist-Zustand erfreuliche, wo weniger erfreuliche oder gar unerfreuliche Entwicklungen zu registrieren sind (zum Beispiel der exzessive Missbrauch der Freiheit aus politischen oder kommerziellen Gründen, dem vor allem Kinder und Jugendliche zumeist ungeschützt ausgesetzt sind. Die täglich frei Haus gelieferten Freiheitsmissbrauch-Bilanzen jeder Menge von Scheußlichkeiten, Perversitäten und Obszönitäten beweisen das. Sie sitzen wie ein vergifteter Pfahl im Fleische demokratischer Grundwerte und gefährden deren Akzeptanz).

Zu den erfreulichen Entwicklungen gehört zweifellos, dass sich heute mindestens fünfmal mehr Bürgerinnen und Bürger in gemeinnützigen Projekten aller Art als in politischen Parteien engagieren. In Gruppen, Vereinen, Stiftungen oder Initiativen organisiert, greifen sie soziale Missstände, gesellschaftliche Versäumnisse und Unzulänglichkeiten auf, die von den traditionell dafür Zuständigen nicht mehr oder nicht mehr ausreichend geleistet werden. Hier lebt Demokratie als Lebensform von vielen Freiwilligkeiten, von Fairness, Toleranz und Zivilcourage. Und sie entwickelt auch demokratiepolitisches Selbstbewusstsein, das nun zu Recht nach mehr Mitsprache, sprich Souveränität verlangt. Leider – und das betone ich besorgt und kritisch – finden all diese demokratiepolitischen «Essentials» seitens der Parteien, hier vor allem ihrer Bildungspolitiker, aber auch der amtlich verordneten Schulpolitik nicht die nötige Beachtung und Förderung. Da ich mich auf dem weiten Feld demokratischer Lebensformen seit 60 Jahren – im Sinne des von Heuss überlieferten Demokratieverständnisses: *«Demokratie und Freiheit sind nicht nur Worte sondern lebensgestaltende Werte»* – immer mit besonderer Intensität getummelt habe, weiß ich, wovon ich spreche:

Erwähnen möchte ich die Förderung von Schul- und Schüler-Initiativen: zum Beispiel das *Förderprogramm Demokratisch Handeln*, in Kooperation mit den Professoren A. Flitner und Fauser und unter der Obhut des Freistaats Thüringen – wofür wir besonders dankbar sind. Sodann die 40 Jahre Kärrner-Arbeit in der *Theodor Heuss-Stiftung*, meine Laienarbeit in Gemeinden und bei Kirchentagen, die Unterstützung von neuen Formen ökologischer und humanitärer Verantwortung, und nicht zuletzt die Abwehr und

Auseinandersetzung mit alt-neuem Rechtsextremismus, Rassismus, Antisemitismus und Fremdenfeindlichkeit. All dies war und ist mir wichtig, weil es das demokratische Immunsystem stärkt, und damit müssen wir «von Kindesbeinen» an beginnen.

Auch heute stellt uns der Umgang mit den politischen Feinden der Freiheit vor große Herausforderungen. Hier meine ich vor allem den im Verlauf von sechs Jahrzehnten immer wieder von neuem auflebenden Rechtsextremismus. Dabei handelt es sich um die wohl folgenschwersten und langlebigsten «Irrtümer» unserer Geschichte, aus denen in der Nach-Hitler-Zeit nachhaltige Konsequenzen gezogen werden mussten. Nun aber stehen wir nach 60 Jahren an der Schwelle zu einer neuen Epoche und vor der Aufgabe, wie es gelingen kann, dass auch kommende Generationen das dunkelste Kapitel unserer deutschen Geschichte als Warnung begreifen, wenn alle Schrecken und alles Un-Heil verblasst und alle unmittelbare Betroffenheit mangels Zeitzeugen vergessen sein werden. Wie kann eine weiterwirkende Kultur der Erinnerung entstehen, ein mahnendes «Memento», ein: Seid und bleibt wachsam! Eine Art Kodex unserer politischen Erfahrungen, eingeschlossen die Irrtümer und Verhängnisse, die zu den Schrecken und Verbrechen der NS-Zeit und ihren Folgen geführt haben. Was wir also brauchen und woran wir arbeiten müssen ist: Geschichtsverantwortung im Geiste Schillers und Poppers!

Hier stehen wir vor einer demokratiepolitisch und demokratiepädagogisch eminent wichtigen Aufgabe, die auch für Universitäten gestellt ist. Vor sogenannter «Normalität», das heißt Gleichgültigkeit und/oder Unzuständigkeit für weiterwirkende Verantwortung muss durch Aufklärung in Forschung und Lehre gewarnt werden! Dabei kann und soll auch an das Leid der Flüchtlinge, Vertriebenen und der Opfer von Bombenangriffen erinnert werden. Auch dieses

Leid gehört zu unserer Geschichte. Das Gedenken darf aber nicht als «Aufrechnung» des eigenen Leids gegen die von Deutschen verübten Untaten und Verbrechen missbraucht, relativiert oder gar verrechnet werden. Damit tun wir uns noch schwer. Dennoch: Beides kann gehen, wenn wir uns aufrichtig darum bemühen.

Notwendig ist es auch, alte und junge Menschen vor den Folgen eines neuerlichem Wegsehens und Vergessens zu warnen und damit vor NS-Parolen im neuen Gewand zu immunisieren. Jedoch: Ein nachhaltiges Geschichtsverständnis – hier vor allem für unsere Zeitgeschichte – lässt sich weder durch Doku-Thriller im Fernsehen noch durch ein einstündiges Lernfach pro Woche vermitteln. Es muss zu einem zivilbürgerlichen Bildungs- und Erziehungsauftrag aufgewertet werden, wie wir ihn mit dem Förderprogramm *Demokratisch Handeln*, wie wir ihn – gemeinsam mit zunehmend engagierten Lehrern – ab heute mit der in Jena stattfindenden «15. Lernstatt Demokratie» erproben. Denn wie anders als durch zeitgeschichtlichen Rückbezug können wir Heranwachsenden erklären, was es mit den NS-Parolen auf sich hatte und wohin sie geführt haben? Das Kalkül der alt-neuen Rechten und ihrer nicht wenigen «*fellow-travellors*», unter die NS-Vergangenheit einen endgültigen «Schlussstrich» zu ziehen, sobald keine Opfer dieser Zeit mehr leben, diese perfide Hoffnung darf sich keinesfalls erfüllen!

Meine These lautet: Die Ausbreitung des Rechtsextremismus kann nur eingedämmt werden, wenn wir nicht nur Abscheu demonstrieren, sondern seine vergifteten ideologischen Wurzeln immer wieder aufdecken und seine populistisch getarnten Parolen mit geschichtlichen Tatsachen offensiv widerlegen.

III. Resümee und Ausblick

Abschließend liegt mir daran, zwei Schwerpunkte zu nennen, in denen seit den 1950er Jahren besonders wirkungsvolle Aufklärungs- und Erinnerungsarbeit geleistet und damit entscheidend und nachhaltig zum Umdenken beigetragen wurde. Einmal waren es die offiziellen, zumeist gesetzgeberischen und administrativen Bemühungen, die zur Aufarbeitung der NS-Erblasten und zur Erlangung von Ansehen, Vertrauen und Glaubwürdigkeit in der Welt beigetragen haben. Sie haben einen beträchtlichen Anteil an der im Laufe von sechs Jahrzehnten gelungenen Bewältigung des dunkelsten Kapitels unserer Geschichte. Dennoch: Nicht minder wichtig und wirksam waren und sind die ungezählten – Aufklärung, Information, Um- und Neudenken bewirkenden – Beiträge, die von Wissenschaft und Literatur, in den Medien, von Kirchen und durch innovative pädagogische Bemühungen geleistet wurden.

Zu guter Letzt nun also noch der Versuch einer Antwort auf die eingangs gestellte Frage: Haben wir uns nach 1945 unserer politischen Geschichte gewissenhaft gestellt und aus ihren Irrtümern gelernt? Haben wir unser Bestes getan, um die künftige Geschichte sinnvoller zu machen?

Ja, wir haben viel gelernt! Wir haben eine funktionsfähige (wenn auch unter Reformfähigkeits- und Glaubwürdigkeits-Defiziten leidende) Demokratie und einen (gelegentlich beinahe über-) funktionierenden Rechtsstaat geschaffen. Wir halten Frieden mit unseren europäischen Nachbarn und bemühen uns, zum Frieden in der Welt beizutragen. Wir haben uns, wenn auch oft verspätet, um Entschädigung und Wiedergutmachung in unserem Namen begangenen Unrechts und begangener Verbrechen bemüht. Ja, ich denke, wir haben aus unseren Irrtümern gelernt, aber: Wir haben noch nicht ausgelernt! Der Auftrag, die «sinnlose

Tragik unserer Geschichte als Aufgabe zu begreifen und unser bestes zu tun, um künftige Geschichte sinnvoller zu machen», bleibt gestellt. Dieser Auftrag gilt für uns alle, auch und vor allem für die Schulen und Hochschulen unseres Landes – für ihre Lehrenden und Lernenden. In ganz besonderer Weise gilt er jedoch für die Universität, die den Namen des großen deutschen Aufklärers und Wegbereiters der Freiheit – Friedrich Schiller – trägt.

3 Theodor Heuss, die junge Bundesrepublik und die Liebe zur Demokratie

(Die Zeit, 3. Januar 2002)

Deutschland war nicht erst in den Jahren des Bombenkriegs in Trümmer gesunken. Die Zerstörung, die innere Zerstörung, hatte schon lange zuvor begonnen. Freiheit, Demokratie, Parlamentarismus – all diese Begriffe waren bereits in den Jahren der Weimarer Republik von der militanten Rechten unter der Führung Adolf Hitlers und seiner Partei entwertet und verächtlich gemacht worden. Später dann, nach 1933, war all das völlig tabu, jenseits des Vorstellbaren. Schon allein aus diesem Grunde hatten nur die wenigsten unter uns Jungen, die wir in der Zeit des «Dritten Reichs» erwachsen geworden waren, eine Vorstellung von dem, wie ein republikanisches Deutschland aussehen könnte.

So erging es auch mir. Damals – nach Ablauf der «Stunde Null» – stellte sich die Frage: Woran sollten wir uns politisch orientieren? Eigenverantwortung war zunächst nicht mehr als ein fernes Ideal, weil wir in der Tradition des autoritären, später totalitären Obrigkeitsstaates aufgewachsen waren, in dem immer nur Gehorsam und Pflichterfüllung verlangt wurden (zuletzt bis zum Kadavergehorsam), nicht aber Mündigkeit, also Wissen, Gewissen und Verantwortung. Für mich galt nur eins, es war wie das elfte Gebot: *Nie wieder Diktatur!* Nie wieder Unfreiheit! Und dazu wollte ich beitragen. Aber wie? Anfangs keimten nur vage Vorstellungen, auf welche Weise ein Nach-Hitler-Deutschland in den westlichen Besatzungszonen aufgebaut werden könnte. Erste Orientierung gab es über den Rundfunk. Von Mitte 1945 an erschienen dann die Zeitungen wieder, zunächst waren sie noch ganz dürftig, zwei Blättchen dünn, und es fanden erste Treffen örtlich «lizensierter» Parteien statt; die ersten Kommunalwahlen gab es ein Jahr später.

Da erwies es sich als purer, glücklicher Zufall, dass ich im Herbst 1946 in Stuttgart dem damaligen Kultusminister Theodor Heuss über den Weg lief. Er sollte mir eine erste, nicht belehrende, sondern überzeugende Lektion über Freiheit, Demokratie und Verantwortung erteilen – eine Lektion, die lebenslang nachwirkte.

Und nicht nur bei mir. Im Laufe der Zeit und des raschen wirtschaftlichen Aufbaus versöhnten sich immer mehr Deutsche mit der zuvor ungeliebten Demokratie. Und dazu hat Heuss entscheidend beigetragen. Zunächst durch die Arbeit am Grundgesetz, bei der er eine Schlüsselrolle spielte. Dann während seiner zehnjährigen Bundespräsidentschaft, von 1949 bis 1959, und danach bis in seine letzten Lebensjahre, bis zu seinem Tod 1963. Seine schwäbisch geprägte, urbane Persönlichkeit war ebenso vertrauenerweckend wie seine Bildung, seine Redekunst und nicht zuletzt sein entwaffnender (also geradezu pazifistischer) Humor.

Heuss' Liebe zur Demokratie entsprang einer Familientradition, die von der 48er-Revolution geprägt war; sein Urgroßonkel und sein Großvater hatten gegen die Preußen für die Freiheit gekämpft. Von Jugend auf bekannte er sich als Demokrat – nicht *«aus Hass auf die Junker»*, wie er seiner Brieffreundin, der Dichterin Lulu von Strauß und Torney, schon 1906 geschrieben hatte, *«sondern weil Deutschland, der werdende Industriestaat, Demokratie braucht wie das tägliche Brot»*. Das war für einen jungen deutschen Bildungsbürger, geboren 1884 im schwäbischen Brackenheim als Sohn eines Ingenieurs, damals ein höchst ungewöhnliches Credo, aber es prägte sowohl 1918 als auch verstärkt nach 1945 sein Grundverständnis für eine demokratische «Konstitution» in Deutschland.

Bereits nach dem Ersten Weltkrieg, dem ruhmlosen Ende der Monarchie und der Gründung der von ihm herbeigesehnten Republik wuchs aus der Begeisterung des jungen Kunsthistorikers und Volkswirts eine politische Aufgabe und alsbald eine existentielle Herausforderung. Sie formte den Journalisten und Hochschuldozenten von 1918 bis zur Aberkennung seines Reichstagsmandats im Juni 1933 zum verantwortungsbewussten Politiker. Und ließ ihn nach dem Untergang der Weimarer Demokratie und seiner zutiefst bereuten Zustimmung zum Ermächtigungsgesetz am 23. März 1933 – *«wider besseres Wissen und Gewissen»*, so bekannte er noch in seinen letzten Lebenstagen – zum entschlossenen Dissidenten werden, der mit Berufsverbot belegt wurde.

Die Ursachen für das Scheitern der Weimarer Republik haben Heuss nach 1945 darin bestärkt, dass es beim zweiten Anlauf um eine «Konstitution» im doppelten Wortsinn gehen müsse. Also nicht nur um das qua Verfassung legitimierte Räderwerk der Staatsform Demokratie, an dem «das Volk» alle vier oder fünf Jahre durch Wahlen beteiligt wird, sondern um eine umfassende «Konstitution» für ein freiheitliches Gemeinwesen als Ganzes – um Demokratie als Lebensform. Denn die Verfassung sei keine *«Glücksversicherung, sondern das Ergebnis politischer Bildung und demokratischer Gesinnung»*.

Dementsprechend warnte er bereits in seiner ersten überregionalen Rede am 18. März 1946 vor illusionären «Heilserwartungen»: *«Demokratie ist keine Zauberformel für die Nöte der Welt, die gibt es auch in der Demokratie. Demokratie heißt aber auch nicht nur Wählerstatistik, sondern ist im Elementaren die Anerkennung eines freien Menschentums, das auch im Gegner den Partner sieht, den Mitspieler. Wir Deutschen müssen beim Wort Demokratie ganz von vorn anfangen mit dem Buchstabieren.»*

In diesem doppelten Sinne des *«von vorn Buchstabierens»* verstand er seine ungezählten Beiträge im Parlamentarischen Rat. Und gleich nach seiner Wahl zum Bundespräsidenten am 12. September 1949 sprach er dies auch öffentlich aus, auf dem Bonner Marktplatz, vor den zahlreich versammelten frisch gebackenen «Bundesbürgern»: *«Wenn unsere Verfassung nicht im Bewusstsein und in der Freude des Volkes lebendig ist, bleibt sie ein Stück Machtgeschichte der Parteien, die wohl nötig sind, aber nicht den Sinn [der Verfassung] erfüllen.»*

Das ist ein Schlüsselsatz für sein Demokratieverständnis, der auch als ein Taufspruch für die gerade gegründete Republik verstanden werden kann. In ihm ist alles enthalten, was auch heute noch Gültigkeit hat. Nämlich: dass unsere Konstitution gleichgewichtig auf zwei Säulen ruhen muss – sowohl auf der Staatsform, der rechtsstaatlichen Ordnung, als auch auf der Verfassung als Lebensform. Es ist übrigens sehr zu bedauern, dass aus dieser Maxime in all den Jahren seither kaum je ein umfassendes, parteiübergreifendes Konzept geworden ist, das mit demokratischer Bildung von Jugend auf beginnt und sich in der Ermutigung zu einer verantwortungsbereiten Bürgergesinnung entfaltet. Dieses westdeutsche Ungenügen hat zu spürbaren Defiziten bei nachwachsenden Generationen geführt. Nach 1989 wurde aus dem Ungenügen ein geradezu fahrlässiges und weiter wirkendes Versäumnis: Von Heuss'scher «Freude» über unsere Verfassung war und ist in den neuen Bundesländern nicht viel zu spüren. Nachhaltig wirkt sich da aus, dass man 1989/90, bei der Wiedervereinigung, den Grundgesetzartikel 146 umgangen hat. Auch hier, im Versäumnis einer – vom Ostbürger per Referendum bestätigten – Annahme des Grundgesetzes, liegt wohl unterschwellig die Ursache für das Fremdsein zwischen Ost und West.

Doch in Heuss' Taufspruch für die Republik auf dem Bonner Markt steckte noch etwas anderes, nämlich schon eine frühe Warnung vor dem Parteienstaat. Auch das ein Wink, den vielleicht erst wir heute so recht zu würdigen wissen. In Heuss' Vorstellung macht der engagierte Bürger die Vitalität der Demokratie aus – die Partei kann nur Mittel zum Zweck sein. Sie muss, gerade nach den Erfahrungen der achtziger und neunziger Jahre leuchtet uns das heute besonders ein, Bürger-Initiative sein im eigentlichen Sinne des Wortes.

Doch Theodor Heuss war nicht nur der wichtigste Architekt des Grundgesetzes und Wegbereiter der Demokratie als Lebensform, er lebte auch vor, was er unter demokratischer Gesinnung verstand. Bereits aus der ersten Zeit nach 1945 sind viele eindrucksvolle Texte überliefert. So beginnt er seine Rede zur Neugründung der Demokratischen Volkspartei am 3. November 1945 in Stuttgart mit der Ankündigung, er wolle nun *«ein Lied von der Freiheit»* singen.

> *«Demokratie braucht freie Luft ... muss hinausführen in die Weltzusammenhänge ... Sie ist eine Gesinnung, die im Mitmenschen den Bruder erkennt ... Das Wort ‹Bürger› muss Würde haben, nichts vom bourgeois und nichts vom Spießbürger, sondern ein Stück Tapferkeit.»*

Und in seiner bereits erwähnten ersten großen öffentlichen Rede, unter dem Titel *«Um Deutschlands Zukunft»*, gehalten am 18. März 1946 auf Einladung des Berliner «Kulturbundes für die demokratische Erneuerung» im Ost-Berliner Haus des Rundfunks, heißt es: *«Wir haben den Bauernkrieg geschichtlich verloren. Wir haben die geistigen Erhebungen 1815, 1830, 1848, die Verfassungskämpfe der 1860er Jahre ... verloren. ... Aus dieser Geschichte missglückter Freiheitskämpfe ist uns Deutschen eines geblieben: die Angst vor dem Atem der Freiheit.»* Und so sei nach den *«12 Jahren in der Hölle der Geschichte»* die Freiheit selbst die schwerste Aufgabe, im Geistigen wie im Politischen. Es gehe jetzt nicht darum, die braune Farbe bloß abzuputzen und eine andere aufzuschminken, sondern um die Suche nach zweckentbundener Wahrheit in wissenschaftlicher und politischer Freiheit und Verantwortung.

Freiheit und Wahrheit – nach all den Jahren der Diktatur und der Lüge: Schon diese wenigen Passagen zeugen nicht nur von der Eindeutigkeit seines geschichtspolitischen Denkens, sondern auch von dem rhetorischen Charisma, mit dem Heuss seine Zuhörer in Bann zog.

Auch mich! Und es gäbe viel zu berichten über mein Engagement in dieser Zeit, angefangen als jüngste Münchner Stadträtin, dann als Landtagsabgeordnete ständig vor allem in bildungs- und kulturpolitische Kämpfe verwickelt … gegen konfessionell abgeschottete Zwergschulen, für Lehrer- und Erwachsenenbildung, gegen die Einführung der Prügelstrafe – «körperliche Züchtigung» genannt –, gegen die Benachteiligung von Mädchen in allen Bildungseinrichtungen und den Ausschluss der Frauen von jedweden Leitungsaufgaben, für mehr Kontroll- und Initiativrechte der Volksvertretungen und mehr Courage gegen die Obrigkeit. Heute mutet das alles arg anachronistisch an, damals aber gab es darum verbiesterte, von ideologischem Fanatismus angeheizte Kontroversen.

Ja, wir vergessen heute gern, wie «braun» die junge Bundesrepublik noch war, wie wenig bereit, sich den monströsen Verbrechen des «Dritten Reichs» wirklich zu stellen. Auch hier hat Heuss klare Worte gefunden. Bereits am 30. Mai 1945 notierte er in sein Tagebuch: *«Wir müssen jetzt schon den Kampf um eine irgendeinmal aufwuchernde Hitler-Legende aufnehmen …»*

Dies wurde in den nächsten Jahren zum Programm. So rief er in seiner Antrittsrede nach der Wahl zum Bundespräsidenten am 12. September 1949:

> *«Es ist eine Gnade des Schicksals beim Einzelmenschen, dass er vergessen kann! Wie könnten wir als einzelne leben, wenn all das, was uns an Leid, Enttäuschungen und Trauer im Le-*

ben begegnet ist, uns immer gegenwärtig sein würde! Und auch für die Völker ist es eine Gnade, vergessen zu können. Aber meine Sorge ist, dass manche Leute in Deutschland mit dieser Gnade Missbrauch treiben und zu rasch vergessen wollen. Wir müssen das im Spürgefühl behalten, was uns dorthin geführt hat, wo wir heute sind. Das soll kein Wort der Rachegefühle, des Hasses sein … Aber wir dürfen es uns nicht so leicht machen, nun vergessen zu wollen, was die Hitlerzeit uns gebracht hat.»

Zwar widersprach Heuss der These von der Kollektivschuld aller Deutschen, setzte ihr jedoch den Begriff der «Kollektivscham» entgegen und sprach von der Mitverantwortung des deutschen Volkes für den «Rückfall in die Barbarei». Vor der Christlich-Jüdischen Gesellschaft bezog er dazu am 7. Dezember 1949 in Wiesbaden neuerlich Stellung:

«Das scheußliche Unrecht, das sich am jüdischen Volke vollzogen hat, muss zur Sprache gebracht werden … Ich weiß, das, was ich hier sagen werde, wird manche Leute ärgern. Ich werde in den kommenden Wochen darüber Briefe erhalten, anonyme Briefe und auch offene Briefe … Aber selbst wenn diese Worte die Zahl dieser Briefe vermehren würden, kann mich das nicht stören. Wir dürfen nicht einfach vergessen, dürfen auch nicht Dinge vergessen, die die Menschen gerne vergessen möchten, weil das so angenehm ist. Wir dürfen nicht vergessen: die Nürnberger Gesetze, den Judenstern, die Synagogenbrände, den Abtransport von jüdischen Menschen in die Fremde, in das Unglück, in den Tod. Das sind Tatbestände, die wir nicht vergessen sollen, die wir nicht vergessen dürfen, weil wir es uns nicht bequem machen dürfen.»

Dieses unbeirrbare, immer wieder mahnende *«Wir dürfen nicht vergessen»* erforderte – man kann sich das heute nur noch schwer vorstellen – in der Bundesrepublik der fünfziger Jahre, in der dumpfen «Zeit des Beschweigens», wirklich Zivilcourage. Heuss wurde damals nicht nur hinter vorgehaltener Hand und nicht nur an Stammtischen heftig kritisiert. Doch es konnte ihn «nicht stören».

Ebenso unmissverständlich bekannte er sich auch zum (damals noch höchst umstrittenen) «Recht auf Widerstand» und zum «noch nicht eingelösten» Vermächtnis aller Opfer nationalsozialistischer Verfolgung und Vernichtung. Hiervon legen seine großen Reden wie die zum 20. Juli 1954 oder jene zur Errichtung eines Mahnmals in Bergen-Belsen im November 1952 beispielhaft Zeugnis ab.

Heuss leistete, man muss es noch einmal sagen, Pionierarbeit. Es war eine Zeit, in der zum Beispiel eine Allensbach-Umfrage zur demokratischen Lage der Nation mit folgendem Ergebnis endete: Nur etwa 20 Prozent der Befragten zeigten sich am Grundgesetz interessiert, über 40 Prozent bezeichneten sich dagegen als «gleichgültig» – und 57 Prozent hielten den Nationalsozialismus «für eine gute Idee», nur «schlecht ausgeführt».

Nein, eine wirkliche Katharsis, wie Heuss sie sich vorgestellt hatte, gab es in den ersten Jahren der Republik nicht. Zu früh, so lautet heute mein Fazit, kamen ehemalige Nazis wieder zu Ämtern und Würden, zu spät begannen Prozesse gegen Nazitäter, zu spät kam in der Justiz, in Kirche und Kultur, in Wirtschaft und Wissenschaft die braune Vergangenheit ans Tageslicht und wurde aufgearbeitet. 40 Jahre hat es gedauert, bis die Verjährung von Mord bei Naziverbrechen aufgehoben und noch länger, bis Freislers Volksgerichtsurteile gegen Widerstandskämpfer annulliert wurden. Und 50 Jahre hat es gedauert, bis ein bayerischer Ministerpräsident erstmals das ehemalige KZ Dachau vor den Toren Münchens besuchte. Bis heute wurden nicht allen Opfern der Verfolgung Anerkennung und Entschädigung zuteil.

Doch Heuss sah noch eine andere Schwierigkeit. Wie sollte in einer letztlich von den Westalliierten «geschenkten» Republik demokratisches Bewusstsein entstehen ohne demokratische Tradition? «*Wir haben keine demokratischen Traditionen*», stellte Heuss zu Beginn seiner Präsidentschaft lapidar fest, um sogleich fortzufahren: «*Also gilt es welche zu schaffen.*» Gern nutzte er jede Gelegenheit, auf Freiheitserfahrungen in unserer Geschichte hinzuweisen. So dankte er gleich zu Beginn seiner Rede in der Bundesversammlung im September 1949 seinem Vater, der in die Seelen seiner jungen Söhne die Erinnerung an das große Jahr 1848 gegossen habe, Erinnerungen, die mit der Familiengeschichte verbunden seien.

Und wenige Stunden später auf dem Bonner Markt beschwor er eine frühere Versammlung an diesem Ort:

> «*Es war im März* 1848. *Da stand an dieser Stelle der Bonner Professor Gottfried Kinkel und schwenkte die schwarz-rot-goldene Fahne. … Unter den Menschen … war damals ein junger Rheinländer, Karl Schurz aus Lindlar, den auch die Begeisterung mit herangeholt hatte und der von diesem Bonner Marktplatz aus im Frühjahr, im März* 1848, *seinen Weg in die Weltgeschichte nahm. Das war das Geschenk der deutschen Freiheitsbewegung an Amerika … Und hier in Deutschland? Enttäuschungen kamen, und die deutsche Geschichte hat nach* 1848 *einen Höhen- und Tiefengang genommen und nun den letzten Sturz getan.*»

Mit solchen Erinnerungen wollte Heuss nicht nur, wie später Gustav Heinemann, zu einem demokratischen Geschichtsbewusstsein beitragen, sondern auch das Selbstverständnis der jungen Republik stärken. Dabei sparte Heuss das damals heikle Thema militärischer Traditionen nicht aus. Unter dem Titel «*Soldatentum in unserer Zeit*» sprach er 1959 in der Führungsakademie der Bundeswehr zu 800 Offizieren: «*Eine Tradition selber zu schaffen ist viel schwieriger, als sie in Resten und Formen verjährter Gesinnungen zu suchen und zu pflegen.*»

Schluss mit den «verjährten Gesinnungen» – und dazu gehörte für ihn auch der überkommene Nationalstolz. «Deutsche Größe» – mit dergleichem Bombast konnte er nichts anfangen. Wohl aber gab es für ihn die Bindekraft der Sprache und Kultur, der geschichtlichen Erfahrung und Einsicht, eingebettet in die Verpflichtung zu Humanität und Toleranz. Und in der Tat könnte daraus eine wirklich konsensfähige demokratische Identität entstehen, die wir – mit den Worten des jungen Heuss – *«brauchen wie das tägliche Brot»*.

Nach den Jahren der Unfreiheit wollte er *«ein Lied von der Freiheit singen, das auch in Seelen junger Menschen Widerhall findet»*. Aber Heuss' Freiheit war immer eine doppelte: keine äußere Freiheit ohne die innere. Die Grundrechte, die Gerechtigkeit, kurz: das Gesetz ist unantastbar. Doch allein die innere Freiheit gibt darüber hinaus die Kraft zum Engagement, zum Protest. *«Die äußere Freiheit der vielen lebt aus der inneren Freiheit des Einzelnen.»* Und noch in seinen letzten Tagen bekannte er, wie froh er darüber sei, dass er sich in allen Wechselfällen seines Lebens die innere Freiheit nie habe rauben lassen: *«Die innere Freiheit ist das köstlichste Gut, das Gott dem Menschen als Möglichkeit geschenkt hat und die als Aufgabe zu begreifen seine Würde bestimmt.»*

Die innere Freiheit! Sie ist der Lebensquell der Demokratie. Sie ist eine «Möglichkeit», die zu erproben und nutzbar zu machen «die Würde des Menschen bestimmt». Damit wird sie nicht nur zu einer gleichsam höheren Instanz, sondern auch zu dem virtuellen Gütesiegel einer politischen Kultur, die diesen Namen verdient. Auch diese Einsicht verdanken wir Theodor Heuss, unserem Lehrer.

II DEMOKRATIE AUF DEM PRÜFSTAND

1 Reformstau in Sachen Demokratie

(Süddeutsche Zeitung, 5. Februar 2003)

Deutschland steckt im Reformstau, darüber sind sich alle Parteien einig. Nicht einig sind sie sich über Wege aus dem Stau sowie über konkrete Ziele, die erreicht werden müssten, um unser Gemeinwesen vor dem Kollaps der Sozialsysteme, vor einem Generationen-Clash und Entsolidarisierungen zu bewahren. Stattdessen verunsichern polemisch geführte Schaukämpfe immer mehr Bürger, die häufig bekunden, dass sie keiner Partei mehr Lösungskompetenzen zutrauen.

Sind Politik und Staat, Gesellschaft und Bürger den aktuellen Herausforderungen und Belastungen, die uns mit der Aufarbeitung des Reformstaus ins Haus stehen, überhaupt noch gewachsen? So verstanden geht es also nicht allein um den sozial-ökonomischen Reformbedarf wie beispielsweise im Gesundheits- und Bildungswesen oder im Beschäftigungs- und Sozialsystem. Es geht auch um demokratische Defizite und Fehlentwicklungen, die sich schon lange im Kreislauf unserer Parteien-Demokratie eingenistet und dort zu einem Reformbedarf angestaut haben.

Beim Abbau des Reformstaus geht es also nicht nur um eine, sondern gleich um zwei Bewährungsproben, die einander bedingen. Doch der erforderliche sozial-ökonomische Reformprozess wird erst dann vom Bürger akzeptiert und mitgetragen werden, wenn er von einer Rückgewinnung des Zutrauens in die demokratischen Institutionen und ihrer Funktionsträger unterstützt wird.

Dieses Zutrauen ist derzeit aber nicht vorhanden. Stattdessen ist ein fortschreitender Vertrauensverlust zwischen Volk und Volksvertretung, eine Entfremdung zwischen Parteien, Staat und Bürgergesellschaft zu beobachten, die sich in wachsender Politik(er)verdrossenheit manifestiert. Diese Stimmung unter den Bürgern ist ein ernst zu nehmendes Signal für eine schleichende Beeinträchtigung der Akzeptanz unserer demokratischen Ordnung, und ein Zeichen dafür, dass diese schwächelt. Es ist sehr zweifelhaft, ob das Fundament unserer Demokratie so ausreichend gefestigt ist, dass die offenkundige Vertiefung der parteipolitischen Gräben und die fortschreitende Polarisierung keine dauerhaften Schäden für den demokratischen Grundkonsens zur Folge haben.

Welche Fehlentwicklungen sind es, die den Reformstau im Gefüge des demokratischen Regelwerks verursachen, seine Funktionsfähigkeit beeinträchtigen, wenn nicht gar ernstlich gefährden, und die zugleich die Ursache für die Politik(er)verdrossenheit sind? Dies sei an einigen Punkten erläutert:

Da sind zunächst die überteuerten, überlangen, total kommerzialisierten und zu permanenten Schlammschlachten verkommenen *Wahlkämpfe*, die den Bürger nonstop mit Parolen bombardieren, statt mit Sachaussagen zu überzeugen. Ihre horrenden Kosten sind nicht nur die Ursache für Parteispendenskandale und die Verstöße gegen das immer noch löchrige Parteifinanzierungsgesetz, sondern auch für die Verwilderung der politischen Streitkultur und dem damit verbundenen Ansehensverlust der politischen Klasse. Nicht zuletzt beeinträchtigen Dauerwahlkämpfe die Arbeits- und Entscheidungsfähigkeit der Politiker bei der Erfüllung ihrer eigentlichen legislativen und exekutiven Aufgaben.

Außerdem ist mehr als fraglich, ob wir uns den parteipolitisch instrumentalisierten und bürokratisch verkrusteten *Föderalismus* von 16, teilweise bankrotten und nicht mehr lebensfähigen, Duodez-Provinzen noch leisten können. Nicht nur weil diese unter dem selbst auferlegten europäischen Stabilitätspakt nicht mehr finanzierbar sind, sondern auch, weil sie im zusammenwachsenden Europa obsolet geworden sind. Anstelle föderaler Zersplitterung braucht Europa einen Föderalismus der Regionen.

Kritisch beleuchten muss man auch die in der Verfassung vorgeschriebene, in der Wirklichkeit jedoch missachtete *Gewaltenteilung* zwischen Legislative und Exekutive. Dies hat zur Folge, dass die im demokratischen Verfassungsstaat unverzichtbaren *Checks and Balances* ausgehebelt werden. Das geht vor allem zu Lasten der ersten Gewalt – der Legislative. Auch hier erweist sich das Parlament gegenüber der allmächtigen Exekutive als reformunfähig. Hinzu kommt die vielfältige Fremdbestimmung der Abgeordneten durch rigide Parteiräson, Pressure-Groups, Fraktions- und Abstimmungszwänge. Nach Artikel 38 des Grundgesetzes ist ein Volksvertreter an «Aufträge und Weisungen nicht gebunden und nur seinem Gewissen unterworfen». Die Parlamentspraxis dagegen spricht dem Hohn. Das wirkt auf die Bürger entmutigend und wenig vorbildlich.

Als nicht weniger reformresistent erweist sich das – trotz aller Proteste – unausrottbare System der finanziellen *Selbstbedienung* von Parteien, Fraktionen, Parteistiftungen und Volksvertretern, samt allen dazu gehörigen Privilegien aus Steuermitteln. Wehe, wer daran ernsthaft zu rütteln wagt! Das haben sowohl der damalige Bundespräsident Richard von Weizsäcker, als auch die Parlamentsreformer der 80er Jahre zu spüren bekommen. Dabei wäre es im Interesse ihrer Reputation und eine ihrer dringlichsten Reformaufgaben, den Vorwurf aus der Welt zu schaffen, dass sich die Parteien den Staat zur Beute machen.

Dringend notwendig ist auch, das Ungleichgewicht zwischen Parteien, Staat und Bürgergesellschaft abzubauen. Nach Artikel 20 des Grundgesetzes geht «alle Staatsgewalt vom Volke aus». Das ist ein Gebot, das dringend der konkreten Ausformung bedarf. Vielleicht sollte man nicht gleich nach den – bis auf weiteres wohl noch unerreichbaren – Sternschnuppen des Volksbegehrens und Volksentscheids greifen, sondern nach dem Erreichbaren: Dies ergibt sich aus Artikel 17 des Grundgesetzes, dem bislang unterentwickelten Petitionsrecht des Bürgers. Dieses ließe sich ganz ohne Verfassungsänderung zu einem echten Bürgermitwirkungsrecht aufwerten, zum Beispiel durch öffentliche Ausschusssitzungen, durch Anhörungsrechte von Petenten, und durch die Möglichkeit im Petitionsausschuss, Volksinitiativen einzubringen, die wie beim Gesetzgebungsverfahren verhandelt und schließlich im Parlamentsplenum verabschiedet werden müssen.

Alles in allem ist der Reformstau in Sachen Demokratie zwar gravierend, jedoch kein unabänderliches Schicksal. Allerdings darf er weder ignoriert noch tabuisiert werden. Er ist eine Herausforderung für alle Verantwortlichen, Beteiligten und Betroffenen.

Halten wir es also mit der lapidaren Einsicht, dass eine Demokratie nie vollkommen ist (Churchill), immer verbesserungsbedürftig, aber auch verbesserungsfähig. Sie ist eben, wie Theodor Heuss mahnte, «keine Glücksversicherung», sondern bedarf der Einsicht in ihre Schwachstellen und Defizite, also der politischen Bildung. Und sie bedarf der Entschlossenheit und Verantwortungsbereitschaft ihrer Bürger, an der Erneuerung teilzunehmen, also der demokratischen Gesinnung.

2 Nachdenken über die Re-Vision unserer Verfassungswirklichkeit: Mehr Bürgerrechte bitte!

(Die Zeit, 6. Juli 2000. Zum Beitrag von Ulrich Beck: «Mehr Zivilcourage bitte», Die Zeit Nr. 22/2000)

I.

Die Zivil- beziehungsweise Bürgergesellschaft als Hoffnungsträger für die Erneuerung unserer Demokratie – wer hätte das vor wenigen Jahren zu träumen gewagt? Und das mit amtlichem Brief und Siegel: Der Kanzler sagt's, die Wissenschaft geht darauf ein, selbst die Parteien sind dabei, einschlägige Papiere und Anträge für Parteitage zu entwerfen. Der Deutsche Bundestag setzt eine Enquete-Kommission ein. Während die Vision einer unsere Demokratie stärkenden Bürgergesellschaft im Kurs steigt, befindet sich das Ansehen der Parteien nach den jüngsten Spenden- und Flugaffären weiterhin im Sinkflug.

Über ersteres kann sich jeder und jede nur freuen, der oder die sich jahraus, jahrein – um Gottes Lohn – bürgerschaftlich engagiert und dafür selten öffentliche Aufmerksamkeit geschweige denn Anerkennung findet. (Nach neuen Untersuchungen sollen es etwa 30 Prozent der Bevölkerung sein, die regelmäßig oder zeitweise ehrenamtlich tätig sind.) Und letzteres muss jeden Demokraten besorgen, der akzeptiert, dass politische Parteien in der repräsentativen Demokratie unverzichtbar sind und zweifelsfrei auch Verdienste haben. (Laut amtlichen Statistiken sind jedoch nur knapp

3,5 Prozent der Wahlbevölkerung Mitglieder demokratischer Parteien.)

Freude und Besorgnis allein reichen jedoch nicht aus. Wenn wir unserer Demokratie neuen Auftrieb und Antrieb geben wollen, dann müssen wir uns – 51 Jahre nach ihrer Gründung – mit ihrer Verfassungswirklichkeit sowohl als Staats- als auch als Lebensform auseinandersetzen. Dabei geht es zuerst und vor allem um die Einsicht, dass diese in ihrer Außenansicht zwar einigermaßen funktioniert, nicht aber in ihrer inneren Verfasstheit. Dafür gibt es etliche Ursachen, von denen ich nur die – meiner Erfahrung nach – gravierendste nennen möchte: Buchstaben und Geist der Verfassungsbestimmungen – hier besonders in Artikel 20 und 21 – nach denen «alle Staatsgewalt vom Volke ausgeht» und die «Parteien bei der politischen Willensbildung mitwirken» – haben sich in der Verfassungswirklichkeit in das genaue Gegenteil pervertiert. Provozierend formuliert: Unsere repräsentative Demokratie steht in Gefahr, zur Parteien-Oligarchie zu mutieren und «das Volk» in seiner Mehrheit zu mehr oder weniger teilnahms- und einflusslosen Zuschauern zu bescheiden. Nur in Wahlkämpfen werden sie werbepsychologisch raffiniert umworben.

Die Zeit ist also überreif für eine Re-Vision unserer Verfassungswirklichkeit – und zwar sowohl im staatlich-repräsentativen als auch im Lebensraum demokratischer Mitwirkung und Teilhabe.

Es muss alsbald zu einer konzertierten Aktion zwischen Bürgern und ihren Repräsentanten in Parteien und Parlamenten zur Neugewichtung der einschlägigen Bestimmungen des Grundgesetzes in der Verfassungswirklichkeit kommen. Andernfalls wird der Prozess der Parteien- und Wahlverdrossenheit weiter eskalieren.

Andererseits steht fest, dass immer mehr Bürgerinnen und Bürger sich nicht länger damit begnügen wollen, alle vier oder fünf Jahre eine vorgefertigte Parteienliste anzukreuzen, und mehr Mitsprache- und Mitgestaltungsmöglichkeiten, zum Beispiel durch Aufwertung des Petitionsrechtes, durch Volksinitiativen und eine schrittweise Einführung von Volksreferenden einfordern.

Beides ist weder mit kleinen Zugeständnissen (zum Beispiel Beteiligung bei Kandidatenaufstellungen, Vorsitzendenwahlen etc.) noch mit vordergründigen Korrekturen (wie zum Beispiel bei der Spendenpraxis) aufzufangen. Die überfällige Re-Vision ist ein Prozess! Er muss konzertiert in Gang gesetzt werden, gesamtstaatliche und gesamtgesellschaftliche Zielvorstellungen müssen entwickelt und auf den Weg gebracht werden. Als Kennwort präge ich für diese Aufgabe den neuen Begriff *«Demokratie-Politik»*.

Sie umfasst sowohl die Aufgabe, Fehlentwicklungen, Defizite und Schwachstellen im staatlich-parlamentarischen, aber auch im gesellschaftlich-sozialen Zusammenleben zu benennen als auch Vorschläge zu machen, wie ihnen durch geeignete Maßnahmen und Initiativen entgegengewirkt werden kann und muss.

II.

Als Teilnehmer an diesem Prozess melden sich seit Jahr und Tag immer mehr bürgergesellschaftlich engagierte Gruppen zu Wort, die sich im Rahmen der repräsentativen Demokratie im Verhältnis zu ihren Repräsentanten als gleichberechtigte Partner verstehen. Sie kooperieren in einem losen Netzwerk und firmieren vorläufig als «Initiativkreis für Bürgerdemokratie». Sie verstehen sich keinesfalls als anti-Parteien-, wohl aber als politisch und kulturell pluralistisches pro-Demokratie-Bündnis.

Alle Beteiligten wollen als «praktizierende Demokraten» den – anlässlich des 50. Geburtstages des Grundgesetzes mit der bundesweiten «Woche der Bürgergesellschaft» angebahnten Weg weitergehen und sich dabei weder durch noch so wohlwollende Regierungsautorität oder noch so anregende, aber wenig präzise soziologische Katheder-Theorien beirren lassen. Sie sind entschlossen, die Bürgerdemokratie – learning by doing und doing by learning – als Herausforderung für ein lebendiges Demokratieverständnis konkret weiterzuentwickeln und zu praktizieren.

III.

Jedermann soll wissen, dass sich in unserer Gesellschaft erstaunlich viel Innovatives an bürgerschaftlichem Engagement tut: Bürgerstiftungen schießen wie Pilze aus dem Boden, an vielen Orten entstehen Agenda 21-Netzwerke, immer mehr Bürgerinnen und Bürger engagieren sich in sozialen, kulturellen und humanitären «Notständen», die andernfalls zum öffentlichen Notstand führen würden. Allein während der von der *Theodor Heuss-Stiftung* und der *Stiftung Mitarbeit* initiierten «Woche der Bürgergesellschaft» waren es, wie in einer einschlägigen Dokumentation nachzulesen, über 800 große und kleine Darbietungen, Diskussionen und Informationsveranstaltungen.

Außerdem wurden bereits 1999 «Thesen über Aufgaben und Ziele der Bürgergesellschaft» als «Anstöße für eine öffentliche Diskussion» erarbeitet. Mit Bundestagspräsident Thierse kam es hierüber im November 1999 zu einem ergiebigen Gespräch, aus dem sich eine Petition mit etwa 300 Unterschriften herauskristallisierte, die dem Deutschen Bundestag am Verfassungstag, dem 23. Mai 2000, zugeleitet wurde. Sie enthält – abgesehen von dem bereits erwähnten Vorschlag der Gründung einer Demokratiestiftung als unabhängiges Beratungsforum, angesiedelt beim Bundespräsidenten, auch die Forderung, das Petitionsrecht zu einem veritablen Bürgerrecht auszubauen und zudem das Petitum, einen «Demokratie-Pfennig» in Höhe von einem Prozent der Parteienfinanzierung zur finanziellen Unterstützung des ehrenamtlichen Bürgerengagements zu schaffen.

Dies alles zusammengesehen scheint uns – angesichts des wachsenden Auseinanderdriftens zwischen geschriebener, gelebter und erlebter Verfassung und im Gefolge der Entfremdung zwischen Wählern und Gewählten – der einzig Erfolg versprechende Weg zu sein, Fehlentwicklungen, Defizite und Schwachstellen auf vielen Feldern unserer Verfassungswirklichkeit einer Re-Vision zu unterziehen und daraus Konsequenzen zu ziehen.

An all dem sollten sich die politischen Parteien mit gutem Beispiel beteiligen. Erst dann und nur dann, wenn es gelingt, Parteienmacht und Souveränitätsrechte der Bürger besser als bisher auszutarieren, kann die derzeitige Krise unserer Verfassungswirklichkeit überwunden werden.

3 Politik als Frauenberuf – ein Erfahrungsbericht
Ist «Macht» das Endziel der Emanzipation – oder geht es um anderes?

(Beitrag für das Buch «Frauen an der Macht», Heinrich-Hugendbubel-Verlag, August 2005)

I.

Der große deutsche Soziologe Max Weber hat in seinem heute noch beherzigenswerten Essay «*Politik als Beruf*» (1919) zwischen Gesinnungs- (sprich ausschließlich an Überzeugungen orientierter) und Verantwortungspolitik (sprich ausschließlich an sogenannten Realitäten orientierter) und den hierfür jeweils charakteristischen Politiker Typ unterschieden. – In der Wirklichkeit sind beide Prototypen zumeist nicht lupenrein zu unterscheiden. Reine Gesinnungspolitiker kenne ich nur sehr wenige (und meist sind sie nicht gerade das, was man politisch «erfolgreich» nennt), sehr viel häufiger begegneten mir sogenannte «Verantwortungspolitiker», die unter «Verantwortung» zu allermeist «Macht» verstehen, reale persönliche Macht und für ihr jeweiliges Amt. Dann gibt es allerdings auch noch einen – von Max Weber nicht berücksichtigten – Typ von nicht oder kaum bekannten Politikern, die nicht nach «Machtpositionen» im Rampenlicht streben, sondern ihre persönlichen Interessen und die ihrer Auftraggeber im Stillen vertreten und materialisieren, es sich aber ansonsten mit niemand verscherzen wollen und deshalb vorziehen, im Hintergrund zu bleiben.

Frauen hat es zu Max Webers Zeiten noch nicht in der Politik gegeben, aber ich denke, dass sie nach Zuerkennung des Wahlrechts im November 1918 zumindest über viele Jahrzehnte mit einem ganz anderen Selbstverständnis angetreten sind und wirken wollten, als gemäß der Weber'schen Typologie. Sie wollten es anders, das heißt bewusst «weiblich» (was immer das heißt) angehen. Sie wollten und konnten zunächst nicht mehr als ihre persönlichen Lebenserfahrungen aus ihrer eingegrenzten Lebensumwelt einbringen und sich in benachteiligten und von Männern nicht oder weniger beachteten Bereichen nützlich machen. Auch hatten sie zumeist keinen qualifizierten Beruf. Sie kamen ins Parlament, nicht in der Absicht, um mächtig zu werden, Macht auszuüben, durch Reden zu brillieren, mit Rivalen und Gegnern in- und außerhalb der eigenen Partei wenig zimperlich umzugehen. Um Posten wollten sie mit Männern nicht konkurrieren. – Mit diesen Einstellungen haben sie über Jahrzehnte, als winzig kleine Minderheit in Parteien, Parlamenten und Organisationen zwar keine Furore gemacht, sich aber «ad personam» zumeist Respekt und Anerkennung erworben.

1933 wurde die «deutsche Frau» politisch kaltgestellt, sozusagen zu Gebärmaschinen der Nation degradiert. – 1945, nach dem Ende der Nazi-Zeit, gab es demzufolge nur noch eine sehr dezimierte demokratische Frauenpräsenz, die wieder ganz von vorne anfangen musste. – Heute, da Frauen im öffentlichen, politischen und beruflichen Leben – gottlob – keine «quantité (und qualité) negligeable» mehr sind, haben sich sowohl ihr Selbstbewusstsein als auch ihre Interessen, Ansprüche und Möglichkeiten, kurz ihr Rollen- und Selbstverständnis rasant gewandelt. Sie haben ihre, in der Männerwelt über Jahrhunderte tradierte, politische Ohnmacht endgültig überwunden und erkannt, dass man/frau in der Politik nicht mit sanfter Ein- und Unterordnung etwas bewirken kann, sondern dass es vor allem um kleine und große «Macht» geht, an der sie seit 1949 – trotz errungener «Gleichberechtigung» – allenfalls als sogenannte «Alibi-Frauen» teilhaben durften, und das auch nur, wenn und solange sie sich als «integrabel» erwiesen. Bis in die 70er Jahre hatten nach wie vor die Männer das Sagen und Entscheiden.

Kein Wunder also, dass sich immer mehr, ihrer Emanzipation bewusste Frauen mit dieser Zwei-Klassen-Rangordnung nicht länger abfinden wollten und – hinter nicht mehr vorgehaltener Hand – begannen, laut über die «Machtfrage» nachzudenken und Wege aus dem Frauen-Ghetto zu suchen. – Das soll nun auch mit diesem Buch, seinem bewusst provozierenden Titel «Frauen an der Macht» und namhaften Autorinnen signalisiert werden.

Zunächst hatte ich gezögert, mich daran zu beteiligen, weil ich als einstmals «streitbare» (und oft auch umstrittene, niemals aber «mächtige») Allround-Politikerin mittlerweile doch so etwas wie ein «Auslaufmodell» bin, das bereits seit über 10 Jahren aus dem aktiven politischen Leben ausgeschieden ist und demzufolge mit neuen «Modellen» nicht mehr schrittzuhalten vermag. Die Entwicklung neuer «Frauen-Power» kann ich allenfalls noch – quasi im Rückspiegel – beobachten. Schließlich haben mich die Initiatorinnen und die Herausgeberin dieses Buches doch «herumgekriegt», noch einmal zur Feder zu greifen und einen Beitrag aus eben dieser Rück-Sicht auf die Geschichte und Geschicke der Frauenemanzipation beizusteuern, und daraus Schlussfolgerungen für wünschbare künftige Entwicklungen zu ziehen.

II.

Zunächst also der Rückblick:
Die Anfänge der deutschen Frauenemanzipation im 20. Jahrhundert kenne ich noch aus den Originalberichten vieler Pionierinnen und Zeitzeuginnen, die Entwicklungen seit 1945 erlebte ich hautnah und von der Pike auf. Die von den Pionierinnen bezeugte und die von mir seit 1946 erlebte Geschichte des zweiten Kapitels der deutschen Frauenemanzipation weist allerdings, abgesehen von einigen wenigen «High-lights» auch tiefe Brüche auf:

Knapp 87 Jahre sind vergangen, seit Frauen in Deutschland das aktive und passive Wahlrecht und die in der Weimarer Verfassung auf «grundsätzliche staatsbürgerliche Rechte» beschränkte Gleichberechtigung «von oben» geschenkt erhielten, ohne dass sie diese – anders als zum Beispiel in England – erkämpfen mussten. Ihre politische Rolle und ihr Einfluss blieben in der Weimarer Demokratie marginal, bis gegen null. – 1933 wurden sie – klaglos – wieder aus dem politischen Leben verbannt. Keine Frau durfte für die NSDAP kandidieren oder erhielt ein Parteiamt: *«Das Wort von der Frauenemanzipation ist ein vom jüdischen Intellekt erfundenes Wort und der Inhalt ist vom gleichen Geist geprägt. Die Welt der Frau ist ihr Mann, ihre Familie und ihre Kinder … deshalb enthält unsere NS-Frauenbewegung nur einen Punkt, und dieser Punkt heißt: das Kind!»* So Hitler 1934 auf der Reichs-Frauenkonferenz, und so geschah es, überwiegend freudig und willig, bis der «totale Krieg» das von der NS-Ideologie verordnete Frauenbild endgültig und ein für alle mal zerstörte.

Nach 1945 also abermals Neuanfang und 1949 die Zuerkennung der im Grundgesetz nun uneingeschränkt als Grundrecht garantierte «Gleichberechtigung», die für Ehe-, Familien-, Scheidungs- und weitere Gesetze erhebliche Konsequenzen erforderten und zumeist erst nach wiederholten Urteilen des Bundesverfassungsgerichts grundgesetzkonform in Kraft treten konnten. (Die konservativen Mehrheiten im Bundestag hatten dies im parlamentarischen Gesetzgebungsgang wiederholt verhindert.)

Der eigentliche emanzipatorische Aufbruch begann erst in den 70er Jahren, als das erfreuliche Resultat der zuvor hart erkämpften gleichen Bildungschancen für Mädchen ihnen endlich den erforderlichen Bildungs- und Berufsaufstieg ermöglicht hatten. Alsbald gelangen erste quantitative Einbrüche in Parlamente, später in Minister- und hohe Verwaltungspositionen, sowie in fast alle Bereiche beruflicher und gesellschaftlicher Tätigkeiten. Nach jahrzehntelangen Frustrationen waren das damals sehr ermutigende Erfolgserlebnisse. – Dennoch hat es immer wieder auch bittere Rückschläge gegeben: Drei Kandidaturen von Frauen für das Amt des Staatsoberhauptes scheiterten, die einzige weibliche Ministerpräsidentin wurde (schäbig und klammheimlich) abgewählt und viele qualifizierte Frauen bestanden die scheinbar unvermeidbaren Härtetests nicht.

Nun gibt es seit Mai dieses Jahres zum ersten Mal eine Frau als Kanzler-Kandidatin, die alle Härtetests mit Bravour bestanden hat und sich – ähnlich wie weiland Margret Thatcher – um das höchste politische Amt im Staate bewirbt. – Das ist zu bewundern. Dennoch möchte ich den Einzelfall für dic Thematik dieses Buches, in dem es ja um ein allgemein erreichbares emanzipatorisches Selbstverständnis von Frauen gehen soll, nicht als exemplarisch verstehen.

Denn unabhängig wie die Kandidatur von Angela Merkel ausgeht, ist es an der Zeit, sich angesichts unveränderten Männer-Macht-Strukturen nicht von Einzelerfolgen berauschen zu lassen und damit zu begnügen, sondern darüber nachzudenken, ob und wie Frauen die tradierten Machtstrukturen und Usancen so verändern können, dass sie bei ihrer Gestaltung nicht nur geduldet, sondern wirklich ebenbürtig in Politik, Gesellschaft und im Berufsleben daran mitwirken können.

Damit komme ich zu der für mich entscheidenden Frage nach dem Sinn und dem Endziel unserer Emanzipation, und worauf es dabei nach meiner Überzeugung und Erfahrung entscheidend ankommt: Die Alternativen heißen: anpassen, widerstehen oder verändern? Hierzu bedarf es zunächst einer nüchternen und (selbst-)kritischen Selbstbefragung, was Frauen – abgesehen von rasanten quantitativen Zugewinnen – bei der Gestaltung und Verwaltung öffentlicher Angelegenheiten bisher tatsächlich erreicht und bewirkt haben. Haben wir spürbaren Einfluss auf die eigentlichen nationalen, europäischen und internationalen Machtfragen unserer Zeit genommen und gewonnen? – Haben wir uns und wenn ja wie den männlich geprägten Machtstrukturen und Usancen nur angepasst oder haben wir sie auch verändert? Desgleichen den politischen Stil? – Die Verwilderung unserer politischen Kultur? – Sind unsere Gesetze bürgernäher, verständlicher und unbürokratischer geworden? – Haben wir uns, abgesehen von Frauenpolitik im engeren Sinn, die politischen Wirkungsfelder (zum Beispiel die zuvor genannten) erschlossen, die von Männern vernachlässigt oder gar herabgewirtschaftet wurden?

Hinter all diese Fragestellungen setze ich – aufgrund meiner langjährigen politischen Erfahrungen – mehr oder weniger dicke Fragezeichen und behaupte, dass sich hier für Frauen emanzipatorische Wirkungs- und Bewährungsfelder auftun, bei denen es nicht um Macht, sondern zuerst und vor allem um Entschlossenheit zur Verantwortung geht. Und dass dies – im Hinblick auf den Ansehens- und Vertrauensverlust in unsere Demokratie – oberste Priorität haben sollte! Zudem sollten wir nicht versäumen, auch andere Felder, auf denen weitere beruflich-emanzipatorische Prozesse im Gange sind, mitzubeachten, selbst wenn dieses

Engagement nicht im Scheinwerferlicht der Kameras und fernab jeder Publizität steht, sowie ohne Dienstwagen und Mitarbeiter-Tross geleistet werden muss. Es ist deshalb nicht weniger wichtig. So ist zum Beispiel das Wirken von Frauen in der kommunalen Selbstverwaltung bereits zu einer echten Bereicherung geworden, oft ist es eine Wohltat, desgleichen Frauen auf der Kanzel, in leitenden Positionen in Krankenhäusern und Verwaltungen, als Juristinnen und Richterinnen und schließlich, wenn auch immer noch zu wenig, in Hochschulen und in der Wissenschaft.

Deshalb, weil in diesen und anderen Bereichen mindestens ebenso gravierende Fortschritte erzielt wurden, aber auch Defizite bleiben, ist es so wichtig, in der Diskussion um weitere wünschbare Entwicklungen nicht nur Politikerinnen und ihre Karrieren, ihre Erfolge, ihr Scheitern zum Maßstab zu nehmen, sondern das Gesamtbild im Auge zu behalten.

III.

Aus all diesen Gründen sollten wir meines Erachtens unser Nachdenken über künftige emanzipatorische Entwicklungen nicht an männlich geprägten und besetzten Begriffen (wie zum Beispiel «Macht») festmachen und damit den Eindruck erwecken, als ginge es um Nachahmung und Kopie von Männer-Rezepten, also um Dominanz; vielmehr sollten wir nach einem anderen Verständnis suchen. Ich habe für mein Engagement stattdessen Begriffe wie Verantwortung und Gestaltungswillen erprobt und erfahren, dass ich darüber nicht «macht(be)gierig» geworden bin, sondern eigenständig geblieben und versucht habe, an meinen Überzeugungen nach bestem Wissen und Gewissen festzuhalten.

Diesen wechselvollen Weg möchte ich an einigen Fixpunkten meiner Biografie illustrieren:

Weshalb bin ich nach 1945 Politikerin geworden und habe – trotz aller Skepsis – Politik seit über 50 Jahren als meinen Lebensberuf ausgeübt? Ich denke, dass es das leidvolle Schicksal meiner Jugendzeit war und das hautnahe Erleben der Ausgrenzung, Verfolgung und Ermordung vieler Menschen in meinem Lebensumfeld, und zudem das unglaubliche Glück, von Verfolgung (jedenfalls physisch) verschont geblieben zu sein, dass ich bereits 1945 begann, mich politisch zu engagieren. (Zunächst allerdings nur auf (Zeitungs-) Papier). Im Sinne der Flugblätter der Studenten der «Weißen Rose», zu deren weiterem Freundeskreis ich während des Krieges gehörte, stand für mich fest, dass ich persönlich dazu beitragen wollte, *«Exempel zu statuieren»*, dass sich ähnliches nie, nie wiederholen könne. (So hatte es im vierten Flugblatt geheißen.) Es galt *«den Mantel der Gleichgültigkeit zu zerreißen»* und für die Ideale zu leben, für die Freunde und Kommilitonen ihr junges Leben geopfert hatten. – Demzufolge stand und steht mein politisches Denken und Handeln stets unter den geschichtlichen Erfahrungen der NS-Diktatur, ihren Ursachen und verhängnisvollen Folgen. – Auch war es schiere Wut über das Unheil, das Männer durch Kriege und eine Diktatur zweimal in einem halben Jahrhundert über ihr «Volk» gebracht hatten, und es war trotziges dennoch-sagen, dazu beitragen zu wollen, dass sich ähnliches niemals wiederholen dürfe …

Bereits 1948 wurde ich als jüngste Stadträtin in den Münchner Stadtrat gewählt, 1950 in den Bayerischen Landtag (dem ich insgesamt 22 Jahre angehörte, darunter 6 Jahre als erste weibliche Fraktionsvorsitzende). 1966 wurde ich Staatssekretärin im Hessischen Kultusministerium, 1969 im Bundesministerium für Bildung und Wissenschaft, 1976–82 Staatsministerin im Auswärtigen Amt und 1994 Kandidatin für das Amt der Bundespräsidentin. Zudem war ich von 1976 bis 1990 Bundestagsabgeordnete, zweimal Mitglied im

Präsidium der FDP, von 1972 bis 76 als stellvertretende Bundesvorsitzende. 2002 trat ich wegen Möllemanns und Westerwelles rechtslastiger «Spaßgesellschafts-Politik» aus.

Soviel zu meinen mehr oder weniger erfreulichen Macht- beziehungsweise Ohnmachts-Erfahrungen, die zugleich auch Verantwortungserfahrungen waren. – Diesbezüglich befriedigender waren meine Erfahrungen in kirchlichen Ämtern (zum Beispiel als Synodalin oder Mitglied des Kirchentagspräsidium), als Gründerin und 38 Jahre Vorsitzende der von mir 1964 ins Leben gerufenen *«Theodor-Heuss-Stiftung zur Förderung der politischen Bildung und Kultur»*, als Initiatorin von Reformen im Bildungs- Parlaments- und Gesellschaftsbereich. Bei letzteren habe ich darüber hinaus auch reiche Erfahrungen des Scheiterns gesammelt. – Last not least gab es aber auch persönliche Erfolge zum Beispiel in Wahlkämpfen; Erfolge, die mir immer wieder Mut und Kraft zum «dennoch-sagen» gegeben haben.

IV.

Oft habe ich mich gefragt, ob ich es als Mann einfacher und erfolgversprechender gehabt hätte, ob ich – wenn ich ein Mann gewesen wäre – bei Konflikten, wie zum Beispiel anlässlich des Sturzes des damaligen Bundeskanzlers Helmut Schmidt durch ein Misstrauensvotum meiner Partei und meiner öffentlich bekundeten «dissenting vote» auch so erbarmungslos ausgegrenzt und gemobbt worden wäre, wie es mir widerfahren ist. Ich denke, dass mein Ruf, «nicht integrabel» zu sein, ein typisches Männerverdikt für eigenständige Frauen war und ist, das unsereins immer wieder mal in Form von Häme, von sexistischer Aggressivität, oder mitleidiger Abqualifizierung zu spüren bekommt.

Wenn ich daran und an die Erfahrungen meines fast 50-jährigen politischen Lebens denke, dann erlebte ich die eigentlichen Obstakel, an denen ich in Konflikte geriet, oder daran gescheitert bin, immer dann, wenn es für mich um essentielle Fragen des Wissens und Gewissens ging. Um Entscheidungen, bei denen ich mich der Männermehrheit nicht anpassen konnte oder wollte. Dann allerdings war Schluss mit jedweder gönnerhaften Nachsicht und (schein-)freundlicher Kollegialität.

Dass ich über all den Wechselbädern weder verbittert wurde, noch resigniert habe, verdanke ich meinem unverwüstlich positiven Naturell, meinem Glauben an Gottes gutes Geleit und meinem, mir von Kind an abgeforderten (Durch-)Stehvermögen.

Der Vollständigkeit halber: Was hatte es für mich mit der viel beschworenen Frauensolidarität auf sich und mit meinem Engagement in Frauenfragen? Erstere habe ich im hohen Maße erfahren: Trotz anderer Männer Meinungen, verdankte ich meine Wahlerfolge überwiegend Frauenstimmen, und was mein Frauenengagement betraf, so war es von Anbeginn ein wichtiger, wenn auch nicht der einzige Schwerpunkt meines Tuns und Lassens. Ich habe dafür viele kleine und größere Fortschritte durchgesetzt und zwar nicht aus Machtpositionen heraus, wohl aber aufgrund demokratischer Rechte und der Wahrnehmung von Verantwortlichkeiten. So habe ich etwa die jahrelang ganz und gar nicht selbstverständliche bildungspolitische Chancengleichheit für Mädchen und die Zulassung von Frauen in betonierte Männerdomänen (vom Pfarramt bis in große Orchester) aus einer, lange Zeit schier hoffnungslosen, meist einsamen Opposition erkämpft und durchgesetzt. Auch habe ich mich, ohne jedwede «Macht» oder «Zuständigkeit» dafür zu haben, in nationale Identitäts- und Grundsatzfragen, die mit unserer Geschichte und der Verantwortung für ihre Erblasten, sowie mit unserem nationalen Selbstverständnis zusammenhängen, kräftig und oft auch erfolgreich eingemischt. Hierbei haben mir allerdings Mitstreiterinnen bis heute gefehlt.

V.

Was ist meine Bilanz, und worauf kommt es nach meinem Gutdünken in Zukunft an? Zuvor möchte ich jedoch noch zweierlei hinzufügen. Einmal, dass die Aufarbeitung und Auseinandersetzung mit unserer Geschichte weit überwiegend nur von Männern geprägt war. Vielleicht ist das ja charakteristisch, weil die NS-Zeit, samt ihren Verbrechen eine exzessive Männerherrschaft war, die Frauen zu Gebärerinnen erkor, allenfalls als Gehilfinnen duldete. Dennoch schien es mir im Verlauf unserer großen emanzipatorischen Fortschritte immer wichtig und notwendig, dass auch Frauen Mitsprache und Verantwortung im Widerstehen gegen das Aufwachsen eines neuen Rechtsextremismus und für ein nachhaltiges demokratisches und nationales Selbstverständnis übernehmen müssen, das die Verantwortung für die Erblast und die zeitgeschichtlichen Folgen der NS-Diktatur einschließt.

So jedenfalls habe ich mein politisches und humanitäres Engagement seit 1945 verstanden, und so hoffe ich, dass dies auch junge Frauen ermutigt, nicht nur Frauenpolitik zu vertreten, sondern sich – mit oder ohne Macht-Insignien – in nationale Grundsatzfragen einzumischen.

Ein zweiter Nachtrag betrifft meine Hoffnung, dass sich nicht nur Frauen, sondern auch Männer als emanzipationsfähig erweisen. Nach dem römischen Recht bedeutete «Emanzipation» ja die Entlassung des mündig gewordenen Sohnes aus der väterlichen Vormundschaft, das meinte nicht nur aus materieller Abhängigkeit, sondern auch von väterlichen Denkgewohnheiten und Verhaltensweisen. – In der Aufklärung, mit der unser heutiges politisches Denken begründet wurde, wurde der Emanzipationsbegriff weitergefasst, als Befreiung. Als Befreiung von Individuen oder Gruppen aus rechtlicher, politischer, sozialer, geistiger oder psychischer Abhängigkeit, was soviel heißt wie: Befähigung zu autonomer Urteilsbildung und eigenverantwortlicher Lebensgestaltung.

Genau das ist, ab sofort, für die Zukunft angesagt! Männer sollen Frauen nicht nur als gleichberechtigt tolerieren, sondern als ebenbürtige Partnerinnen wünschen und die Bedeutung des Andersseins als Voraussetzung für ein menschenwürdiges Zusammenleben von Frauen und Männern – von Männern und Frauen – anerkennen und dazu beizutragen, dass dies gelingt.

Dies mit «Macht» durchsetzen zu wollen, ist für mich gleichbedeutend mit der Vorstellung nach hierarchischen Ordnungen, nach Über- und Unterordnung. Dieses hierarchische Prinzip sollte im wechselseitigen Verhältnis von Männern und Frauen – sei es privat, politisch oder gesellschaftlich – ein für alle mal ausgedient haben. Das ist kein leerer Wahn, sondern wäre ein lohnendes Ziel – mit Blick auf eine menschengerechtere Zukunft.

4 Chancengerechtigkeit und lebenslanges Lernen

Anmerkungen zu hochschul- und demokratiepolitischen Herausforderungen

(Ansprache zum Semesterbeginn,
Freie Universität Berlin, 14. April 2004)

I. Einstimmung

Ihr neues Studienjahr beginnt in einer innen- und hochschulpolitisch unruhigen Zeit mit einer bewusst herausgehobenen Veranstaltung, in der die Erstsemester unter Ihnen nicht nur formal bürokratisch immatrikuliert, sondern in einer Feierstunde in die akademische Gemeinschaft der Lehrenden und Lernenden aufgenommen werden. Zwar gibt es zum Studienbeginn keine Schultüte mehr, wohl aber soll dies ein besonderer Tag sein, an dem für Sie ein neuer Lebensabschnitt beginnt, auf den Sie ein wenig feierlich «eingestimmt» werden sollen. Was kann ich dazu beitragen?

Ich stehe hier vor Ihnen als eine im parlamentarischen Pulverdampf ergraute Bildungspolitikerin, aber auch und vor allem als eine «Zeitzeugin», die den wechselvollen Werdegang unserer zweiten Demokratie in Deutschland seit dem Zusammenbruch der NS-Diktatur und ihrer Neugründung miterlebt und zeitweise mitgestaltet hat. Das heißt, ich werde kein lupenreines hochschul-politisches Referat halten, vielmehr versuchen, einschlägige Anmerkungen in einen weitergefassten demokratiepolitischen und zeitgeschichtlichen Zusammenhang zu stellen. Dies ist ein Versuch – nicht mehr, aber auch nicht weniger –, von dem ich hoffe, dass er Ihnen – beginnend mit einem kurzen Rückblick – einige Einblicke in miteinander zusammenhängende hochschulpolitische und zeitgeschichtliche Zeitläufte vermittelt.

II. Rückblick

Mein Rückblick beginnt mit einem Kurz-Steckbrief:

Erstens: Während des Zweiten Weltkrieges habe ich an der LMU in München Chemie studiert und 1945 bei dem Chemiker und Nobelpreisträger Heinrich Wieland promoviert. Er war einer der letzten großen deutschen Naturwissenschaftler, der zur Weltelite zählte und zudem ein aufrechter und mutiger Anti-Nazi (zum Beispiel nahm er Studenten auf, die – wie ich – von den Nürnberger Rassegesetzen betroffen und stets gefährdet waren). Sein Institut war ein «Zentrum der Exzellenz», in dem knochenhart gearbeitet wurde (mindestens 10 Stunden am Tag, immer auch samstags und höchstens drei Wochen Semesterferien), und es war – mitten in der braunen Wüste – eine «Oase der Anständigkeit», in der weder gespitzelt, noch denunziert wurde oder NS-Sprüche geklopft wurden. Für jeden seiner Schüler war Wieland Vorbild und Ansporn. Lebenslang.

Zweitens: Ich stehe in der Tradition des politischen Denkens und Handelns der Studenten der «Weißen Rose» und wünsche mir seither nicht nur, dass ihr Opfergang für nachwachsende Generationen unvergessen bleibe, sondern dass er auch in unseren Universitäten als geistig-politisches Vermächtnis fortwirkt, so wie es in den heute noch bewegenden Flugblättern niedergelegt ist. Ich zitiere aus dem vierten Flugblatt:

«... aus Liebe zu kommenden Generationen muss nach Been-

digung des Krieges ein Exempel statuiert werden, dass niemand auch nur die geringste Lust verspürt, Ähnliches aufs Neue zu versuchen ...”

Und aus dem fünften Flugblatt:

«Zerreißt den Mantel der Gleichgültigkeit, den Ihr um Euer Herz gelegt habt, entscheidet Euch, ehe es zu spät ist ...”

Für mich, die ich überlebte, hieß das und heißt das bis heute: Zu jeder Zeit, teil- und Anteil zu nehmen am Geschick unseres demokratischen Gemeinwesens und nicht wegzusehen, wenn dieses von demokratieschädlichen oder gar -feindlichen Entwicklungen neuerlich gefährdet wird.

Drittens: Nach 1945 waren es vor allem drei Lehrmeister, die zur grundlegenden Orientierung meines politischen Denkens und Handelns beigetragen haben:

Die Schriften Karl Poppers, die mir halfen, *«den Sinn der Geschichte»* nach Hitler darin zu erkennen, *«aus unseren schrecklichen Irrtümern zu lernen»* und ihre scheinbar *«sinnlose Tragik ... als Aufgabe zu begreifen, unser bestes zu tun, um die künftige Geschichte, sinnvoller zu machen ...».* – Max Weber, der mich mehr als einmal mit einigen Passagen aus seinem Essay «Politik als Beruf» (1919) vor Resignation bewahrt und zum Durchhalten ermutigt hat. Zum Beispiel mit seiner Metapher, dass Politik ein höchst beschwerlicher Beruf sei, der sowohl des *«geduldigen Bohrens harter Bretter mit Augenmaß und Leidenschaft»* bedarf als auch jener *«Festigkeit des Herzens, die auch beim Scheitern aller Hoffnungen ‹dennoch› zu sagen vermag».*

Und schließlich gab es da Theodor Heuss, unseren ersten Bundespräsidenten, der uns Nach-Hitler-Deutschen ein nüchtern-konkretes Demokratieverständnis vermittelte und immer wieder mahnte, dass *«Demokratie keine Glücksversicherung»* sei, sondern *«das Ergebnis politischer* (geschichtlicher) *Bildung und demokratischer Gesinnung»*, also sowohl eine Staats- als auch eine Lebensform ist.

III. Bedingungen für demokratische Gesellschafts- und Bildungssysteme

Das ebenso nüchterne wie leidenschaftliche Demokratieverständnis von Theodor Heuss verstand ich nach 1945 als einen Auftrag, der im Sinn des Philosophen Georg Christoph Lichtenberg erfüllt werden musste, den er bereits 200 Jahre zuvor sinngemäß wie folgt beschrieben hatte: Es sei *«ein sehr schweres Problem», «auf den Trümmern eines Unrechtsstaates* (damals meinte das eine Monarchie) *eine Republik zu bauen. Das gelänge nicht, ohne dass jeder Stein neu behauen würde.»* Nun, nach dem Untergang der NS-Diktatur galt das in gleicher Weise für den Aufbau einer Demokratie. Aus den Trümmern des Unrechts- und Obrigkeitsstaates musste jeder Stein neu behauen werden, bevor er zu demokratisch verfassten Institutionen zusammengefügt werden konnte. Dazu sollte das Grundgesetz das Fundament bilden und – zunächst nur auf dem Papier – ein freiheitliches und menschenwürdiges Leben und Zusammenleben seiner Bürger garantieren. Darum ging und geht es auch in der Realität – nun auch global.

Das *«Steine neu behauen»* galt im gleichen Sinne auch für die Erneuerung unseres ständisch gegliederten und obrigkeitsstaatlich reglementierten Bildungssystems. Die spezifische Aufgabe lautete: Demokratische Strukturen auch im Hochschulbereich für alle darin Lehrenden und Lernenden zu verwirklichen. Mit welchem Ziel? Darauf gibt es viele Antworten, keine ist jedoch so eindeutig und lapidar wie die, die John F. Kennedy in sechs Worten zusammengefasst hat: *to be equal and excellent too!* Zu deutsch: Demokratische Gesellschaften und ihre Bildungssysteme müssen sich durch Chancengleichheit *und* Exzellenz auszeichnen und beides garantieren! – Erst dann und nur dann, wenn, *Equality* auch *Quality* hervorbringt – die (wie im Sport) Spitzenleistungen durch Breitenförderung erzielt –, kann beides zum Gütesigel eines demokratischen Bildungssystems werden. Wir brauchen beides und beides nicht erst an unseren Hochschulen, sondern von Jugend auf. Immer und überall müssen in Schule und Erziehung vielfältige Wege, Angebote und Abschlüsse offenstehen, die sowohl allgemeine und berufliche Qualifizierungen als auch Spitzenleistungen ermöglichen.

Nur auf Universitäten begrenzte Maßnahmen zur sogenannten Eliteförderung genügen meines Erachtens nicht. Sie setzen zu spät ein und begrenzen zudem das Reservoir möglicher Leistungseliten auf akademische Begabungen. Die Gebote der Chancengleichheit und Exzellenz müssen jedoch in gleicher Weise und von früh auf auch für alle kulturellen, manuellen und künstlerischen Begabungen gelten. – Und noch etwas ist wichtig: Wirkliche «Eliten» können weder durch privilegierte Studiengänge oder Diplome produziert, patentiert und garantiert werden. Die eigentlichen, die bleibenden Eliten einer Gesellschaft kristallisieren sich erst durch außergewöhnliche Leistungen, menschliche Vorbildhaftigkeit und lebenslange Bewährung heraus.

IV. Reformansätze und Hindernisse

Um unser Bildungssystem wirklich chancengerecht und zugleich offen für Hochbegabungen zu gestalten, genügen keine Teilreparaturen. Dazu bedarf es umfassender Reformen an Haupt und Gliedern. Deshalb ist zu fragen, wie es um unsere Reformfähigkeit im Allgemeinen und im Bildungswesen im Besonderen steht.

Wir Deutschen können uns nicht gerade als ein besonders reformfreudiges und reformerprobtes Volk bezeichnen. Wirkliche Reformer wie zum Beispiel Humboldt, Hardenberg, Stein oder Scharnhorst wurden immer erst posthum geehrt. Freiwillig und mutig haben wir überfällige Reformen bisher selten in Angriff genommen, und «Ruckreden» haben auch nur wenig bewirkt. *«Reformiert darf werden, aber ändern darf sich nichts»*, witzelte jüngst ein prominenter Fachmann.

Das entspricht in etwa auch meiner Erfahrung. Seit Gründung der BRD habe ich so viele Ansätze und Aufbrüche für Reformen in Staat und Gesellschaft miterlebt, als Abgeordnete und Staatssekretärin nicht nur Bildungsreformen mitinitiiert und verantwortet, sondern auch Parlaments- und Parteireformen, dass meine diesbezüglichen Hoffnungen auf Erfolge eher gedämpft sind. Die meisten Ansätze zu Reformen sind immer irgendwann, irgendwo steckengeblieben, wurden verwässert oder auf den St. Nimmerleins-Tag vertagt – mit der besorgniserregenden Folge zunehmender Politik(er)verdrossenheit und Resignation bei den Bürgern, die jedoch bei Reformen in eigener Sache auch nicht gerade von Reformbegeisterung strotzen.

Ohne Panikmache oder schwarz-weiß-Malerei kurz zusammengefasst: Unser Land ist derzeit in keiner besonders guten Verfassung, und dies nicht nur hinsichtlich wirtschaftlichen und sozialen Reformbedarfs, sondern auch demokratiepolitisch und im weitesten Sinn geistig-kulturell. Aufbruchstimmung herrscht nirgends, Höhenflüge lassen auf sich warten.

Die heute anstehenden reformatorischen Herausforderungen betreffen ja keineswegs nur unser Bildungssystem (auf dessen Ist-Zustand werfen die für unser Land unterdurchschnittlichen Ergebnisse der PISA-Studie ein alarmierendes, aber leider bereits wieder verblassendes Schlaglicht), sie betreffen fast alle Bereiche in Staat und Gesellschaft. Überall gilt im Sinne Max Webers das «Bretter-bohren» und «dennoch-sagen»! Und deshalb wiederhole ich: Wir dürfen die anstehenden bildungspolitischen Herausforderungen nicht isoliert betrachten, sondern müssen sie in Bezug setzen zu anderen Fehlentwicklungen, die sich in unserem Gemeinwesen aufgestaut haben. Nicht zuletzt sind sie auch die Folge offenkundiger Blockaden bei überfälligen Entscheidungsprozessen (vom Zuwanderungsgesetz bis zum Flaschenpfand beispielsweise).

V. Konkrete Herausforderungen

Mit Blick auf dieses wenig erfreuliche Gesamtbild scheinen die besonderen Herausforderungen für unsere Universitäten vergleichsweise weniger bedrohlich. Und doch, sind sie es!

Denn unsere Hochschulen sollen – ausgerechnet in Zeiten rigoroser Sparzwänge, die von staatlicher Seite verordnet wurden – in eine bisher nicht gekannte Selbständigkeit und Selbstverantwortung entlassen werden. Demzufolge werden sie mit allen bisher versäumten Reformen auf einmal konfrontiert: Sie müssen dem Gebot der Chancengerechtigkeit besser als bisher gerecht werden. Wie kann das gelingen? Wie sollen komplizierte Neuerungen wie zum Beispiel die Auswahl der Studenten, neue Studienabschlüsse, die den angelsächsischen entsprechen, verkürzte Studienzeiten zu neuen Abschlüssen durchgesetzt werden? – Und das alles auf einmal! Und weiter: Genügen herkömmliche Studiengänge und Abschlüsse überhaupt noch für ein ganzes akademisches Berufsleben? Werden künftig nicht viel mehr berufsbegleitende Teilzeitstudiengänge angeboten werden müssen und lebenslanges Weiterlernen auch für Akademiker zu einer conditio sine qua non? – Welche zusätzlichen Anforderungen ergeben sich hierbei für den Beruf des Hochschullehrers und wie lässt sich mit den Folgen der fortschreitenden Globalisierung Schritt halten? Und last but not least: Wo und wie sollen «Zentren der Exzellenz» entstehen, und wer soll Zugang zu ihnen haben?

Alle genannten Problembereiche werden in anderen Ländern längst diskutiert, dort wird ihre Umsetzung bereits erprobt. Diese und andere Entwicklungen dürfen unsere Hochschulen nicht neuerlich verpassen. Leider mangelt es jedoch derzeit noch an gemeinsamen Vorstellungen, wie die «neue Freiheit» gestaltet und nutzbar gemacht werden soll. Auch hierzu noch einige Anmerkungen in Frageform:

Gibt es so etwas wie eine «Idee» der Universität, die in die Zukunft weist? Unabhängigkeit statt Gängelband? – Offenheit statt elfenbeinernem Turm? – Universalität statt föderalen Provinzialismus? – Oder: Wie kann ein Erfolg versprechender innovativer Wettbewerb in und zwischen Hochschulen entstehen und nutzbar werden? Wie soll er finanziert werden? – Wie soll der Prozess der Erprobung, Auswertung und Verbreitung von Innovationen vonstatten gehen? Müsste nicht ein finanzieller Sonderfonds ausschließlich zur Erprobung von Innovationen geschaffen werden? Welche Rolle sollen künftig Wissenschaftsrat, Rektorenkonferenz und andere Bund-Länder-Beratungsgremien spielen? – Zur Frage der Studiengebühren ist meine Ansicht bekannt: Ja, aber – nur wenn es gelingt, sie in Verbindung mit einer Reform des Stipendienwesens chancengerecht zu lösen.

VI. Abschließender Diskurs zur Elite-Diskussion

Gewachsene und in sich gefestigte Demokratien haben keine Probleme hinsichtlich der Notwendigkeit und Vereinbarkeit von Equality und Quality. Zumindest theoretisch besteht Konsens, dass Staaten und offene Gesellschaften freier Bürger – im Sinne Karl Poppers – offene und chancengerechte Systeme bereitstellen müssen, in denen unterschiedliche Anlagen, Neigungen und Begabungen junger Menschen entdeckt, entfaltet und gefördert werden, in denen Chancen nicht nur einmal angeboten, sondern in allen Bereichen und für alle Bildungsstufen lebenslang nachhol- und wiederholbar sind. Hierzulande ist diese gewollte Zweigleisigkeit noch keineswegs selbstverständlich. Die einen tun sich mit dem Prinzip Chancengerechtigkeit schwer, die anderen mit dem Elitebegriff, besonders junge Menschen. –Weshalb? Es scheint mir wichtig, nach den Ursachen hierfür zu fragen:

Einmal, weil dieser Begriff bei uns immer noch mit Standes- oder Geldeliten und damit mit Privilegien assoziiert wird und damit das Gebot der Chancengerechtigkeit neuerlich gefährdet oder gar vernachlässigt wird.

Zum anderen, weil uns unsere wirklichen Eliten während der Nazizeit verloren gegangen sind, – weil sie verjagt und vernichtet wurden – auf Schlachtfeldern, im Widerstand, in der Emigration oder in Konzentrationslagern zu Grunde gerichtet wurden.

Nach 1945 waren wir ein Volk ohne Eliten, und nie haben wir wirklich versucht, die in alle Welt verstreuten deutschen Eliten zurückzugewinnen. (Ich denke dabei an ausgestoßene Deutsche wie beispielsweise Hannah Arendt, Konrad Bloch, Saul Friedländer, Alfred Grosser, Hans Jonas, George und Hilde Mosse, Karl Popper, Fritz Stern usw. usw.)

Deshalb tun wir uns bis heute schwer, das Ausmaß und die Dimension dieses Verlustes zu begreifen und der Tatsache ins Auge zu sehen, dass Eliten nicht einfach mit Geld und Organisation neu zu produzieren und zu ernennen sind.

Wie es hierzulande heute um bleibende Eliten steht, wage ich nicht zu beurteilen. Allzu oft verwechseln wir intellektuelle Wortführer mit geistigen Eliten, Stars und Sternchen mit Künstlereliten und politische Quotenprominenz mit (zumeist selbsternannten) Eliten in Staat und Gesellschaft. – Die Massenmedien tun ein Übriges: Das Thema wird zur Mode und zur Show, mit dem man hofft, «Quote zu machen»: So à la: Deutschland sucht die Superuniversität! Deutschland braucht Eliten, koste es, was es wolle! ... Nein, vor allem kostet es bessere Einsicht, Bretterbohren und dennoch-sagen.

VII. Wünsche an die FU und ihre Studenten, vor allem an ihre Erstsemester

Liebe Erstsemester, Sie haben für ihr Studium eine nach Jahren vergleichsweise junge Universität (Alma Mater) gewählt, an politischer Bedeutung ist sie jedoch die wohl zeitgeschichtsträchtigste. Hochschulpolitisch hat sie mehr als einmal unruhige Zeiten erlebt und von einem elfenbeinernen Turm konnte nie die Rede sein. Als die FU vor über 50 Jahren gegründet wurde, da war sie von großer Symbolkraft für den Freiheitswillen dieser Stadt und ihre Entschlossenheit, zu hochschulpolitischer und geistiger Erneuerung nach der Nazi-Diktatur und im Angesicht der aufwachsenden SED-Diktatur beizutragen. Und als Sie, liebe Erstsemester, vor etwa 20 Jahren auf die Welt kamen, da war Berlin immer noch so etwas wie eine Frontstadt (ziviler ausgedrückt, eine Nahtstelle im Kalten Krieg) und voller Ungewissheit über ihre Zukunft. – Heute zählt sie zu den führenden Universitäten unseres Landes.

Diese zeitgeschichtliche Prägung ist mehr als eine Reminiszenz. Für die hier Lehrenden und Lernenden bedeutet sie auch ein Stück Herausforderung und Verpflichtung, mit Weitblick, Engagement und Zivilcourage mitzuwirken an der Weiterentwicklung und dem Selbstverständnis ihrer und aller Hochschulen in einem demokratisch und rechtsstaatlich verfassten Gemeinwesen und als Glied und Mitglied eines zusammenwachsenden europäischen Verbundes.

Persönlich wünsche ich Ihnen, liebe Erstsemester, dass Sie während Ihres Studiums nicht nur viele neue fachliche

Kenntnisse für Ihren künftigen Beruf erwerben, sondern auch einen Standort finden für Ihr staats-, gesellschafts- und demokratiepolitisches Wirken und Bewirken. Also: Was auch immer Sie studieren, erweitern Sie Ihren geistigen und politischen Horizont und vernachlässigen Sie nicht Ihre Rechte und Pflichten als Bürger und zugleich als Bürgen unserer Verfassung. Als Zeitzeugin der dunkelsten Epoche unserer Geschichte und als Frau, die Politik als Lebensberuf im Sinne Max Webers erwählt hat, möchte ich Sie und uns alle beschwören:

Das Glück, dass wir in Freiheit und in einem Rechtsstaat leben dürfen, verpflichtet jeden von uns, als mündige Bürger/-innen auch dafür zu bürgen, dass Freiheit und Rechtsstaat nicht nur erhalten, sondern gestärkt und immer wieder neu verwirklicht werden.

III SCHWÄCHEN UND DEFIZITE

1 Weniger Macht den Parteien. Über Konsequenzen aus dem Spendenskandal

(Süddeutsche Zeitung, 2. März 2000)

Parteispendenskandale werden mit der Zeit langweilig. Die Krisen lassen sich aussitzen, das Volk gewöhnt sich daran. So war es bei allen Skandalen, die ich in 50 Jahren Bundesrepublik miterlebt habe, zuletzt beim Flick-Skandal in den 80er Jahren.

Diesmal ist es ernster. Diesmal dürfen wir uns nicht damit begnügen, dass die betroffenen Parteien ein paar Führungskräfte auswechseln, dass einige Gesetzesänderungen durchgepaukt und ein paar Entschuldigungen gestammelt werden, um dann an anderer Stelle weiter zu sündigen. Diesmal droht die Parteienkrise zur Systemkrise zu werden, weil sich die Verfassungswirklichkeit, die Innenansicht unserer Demokratie, meilenweit von Buchstaben und Geist wichtiger Normen des Grundgesetzes entfernt hat.

Dort sagt der Artikel 20: «Alle Staatsgewalt geht vom Volke aus.» Der Artikel 21: «Die Parteien wirken bei der politischen Willensbildung des Volkes mit.» Und der Artikel 38: «Der Abgeordnete ist Vertreter des ganzen Volkes, an Aufträge und Weisungen nicht gebunden und nur seinem Gewissen unterworfen.» Provozierend kann man sagen, dass diese Artikel ins Gegenteil pervertiert sind: Alle Staatsgewalt geht von den Parteien aus, und das Volk darf alle vier

Jahre einmal mitwirken, indem es eine von den Parteien vorzementierte Kandidatenliste ankreuzt, deren Abgeordnete Funktionäre ihrer Partei sind; an «Aufträge und Weisungen» fest gebunden, wollen sie Karriere machen.

Hier liegt die tiefere Ursache für Skandale und Machtmissbrauch: Die im Grundgesetz vorgeschriebenen *checks und balances* funktionieren nicht mehr ausreichend, und sie würden ohne (gelegentlich rücksichtslos) investigierende Medien noch weniger funktionieren. Deshalb müssen wir jetzt eine umfassende demokratiepolitische Diskussion über die Schad- und Schwachstellen unserer Verfassungswirklichkeit führen: über den ausgeuferten Parteienstaat und seinen zum Parteien-Schauplatz verkümmerten Parlamentarismus, aber auch über die Ursachen der wachsenden Verdrossenheits- und Zuschauermentalität in Ost und West.

In fünf Jahrzehnten hat sich die Demokratie in ihrer Außenansicht gefestigt, in ihrer Innenansicht ist sie jedoch weit über den Grundgesetzauftrag hinaus zu einem Parteienstaat (fehl-)entwickelt, der nun am Rande einer kollapsähnlichen Krise steht. Ausgelöst wurde sie durch den Zusammenbruch des von Geld und Macht zementierten Kohl'schen CDU-Imperiums. Aber sie ist auch eine Folge des vielfältigen Selbstbedienungs-Filzes und der Ämterpatronage nicht nur in SPD-regierten Ländern, sondern auch im seit Bürgergedenken von der CSU beherrschten «Amigo-Land» Bayern.

Eine lebendige Demokratie braucht funktionsfähige und verfassungstreue Parteien. Und sie braucht Bürger, die sich mit ihrer Staats- und Lebensform identifizieren und bereit sind, sich für beides zu engagieren. Um ein weiteres Abdriften der aktiven Teile der Bürgergesellschaft aufzuhalten, müssen die Bürger an den Erneuerungsprozessen von Anfang an beteiligt werden. Auch dies muss das Ziel einer am Grundgesetz orientierten Demokratiepolitik sein.

Die aktuelle Krise glimmt und schwelt seit dem Tag, an dem der gerade durch ein konstruktives Misstrauensvotum mit Hilfe der FDP an die Macht gelangte Bundeskanzler Kohl den Anbruch einer «geistig-moralischen Wende» verkündete. Schon damals waren die neuen Koalitionspartner (inklusive der gleichfalls in illegale Parteispenden verstrickten FDP) entschlossen, eine Amnestie für Parteispender und ihre Adressaten (sorgsam camoufliert in einer harmlosen Steuergesetznovelle) durchzudrücken. Als dies 1984 schief ging, dank einiger wachsamer liberaler Bundestagsabgeordneter und dem Aufbegehren der FDP-Basis, und die Prozesse gegen die Hauptbeschuldigten in beiden Parteien glimpflich abliefen, als sich die Untersuchungsausschüsse in Bonn und Mainz als zahnlose Tiger erwiesen und die Gesetzesnovelle als löchrig, da wurde von Helmut Kohl jenes scheinbar geniale Geflecht zur Erlangung illegaler Spenden ersonnen und contra legem in die Tat umgesetzt, die erst über 15 Jahre später zu seinem und seiner Handlanger Fallstrick wurde.

Mit Schaudern erinnere ich mich an die Krokodilstränen, mit denen die Skandale der 80er Jahre beerdigt wurden (die Bundestagsprotokolle legen davon Zeugnis ab) und mit Zorn an das Abschmettern einer «interfraktionellen Initiative Parlamentsreform», deren Gründerin und Sprecherin ich war und die sich redlich, aber vergeblich um die Bekämpfung von innerparlamentarischen Missständen bemüht hatte. Die «geistig-moralische Wende» unterdrückte den Rest der im Artikel 38 des Grundgesetzes garantierten Gewissensfreiheit des Abgeordneten. Diese Versäumnisse der 80er Jahre müssen uns eine Lehre sein. Wir dürfen den Neuanfang nicht allein den Parteien überlassen.

Was Not tut, ist ein Bündnis zur Erneuerung unserer Demokratie – kein Anti-Parteien-, sondern ein Pro-Demokratie-Bündnis. Ansätze hierzu gibt es seit Jahren. Es fehlte aber die Brisanz einer Initialzündung, die nun – angesichts des Parteispendenskandals der CDU und anderer krisenartiger Ärgernisse – überreichlich vorhanden ist.

Doch wie kann aus der Krise eine Chance werden? Da wir leider das Instrumentarium von Royal Commission nicht haben, plädiere ich für ein republikanisches Äquivalent: Ein Triumvirat aus Bundes-, Bundestags- und Bundesratspräsidenten beruft eine Kommission mit mehreren Unterkommissionen – jeweils unter Vorsitz ehemaliger Bundespräsidenten. Ihre Mitglieder (ehemalige Parlamentarier und Regierungsmitglieder, Wissenschaftler und Fachleute, Repräsentanten der Zivilgesellschaft) werden auf Zeit berufen, können Arbeitsgruppen bilden, Befragungen durchführen und Gutachten erstellen lassen. Bis zu festgesetzten Terminen müssen sie ihre Ergebnisse, eventuell mit Minderheitenvoten, vorlegen. Sie müssen unumstrittene Autorität genießen, so dass sie von Regierung und Parlament nicht ignoriert werden können.

So sollen sie die Übermacht der Parteien auf ihre «Mitwirkung bei der politischen Willensbildung» begrenzen und die «Staatsgewalt, die vom Volke ausgeht», stärken. Es gilt, den Kreislauf der repräsentativen Demokratie zu beleben – vom stärker personalisierten Wahlrecht und der offenen Kandidaten-Nominierung über die Verkürzung von Wahlkämpfen und die Begrenzung ihrer Kosten (wie in Großbritannien) bis zur Abschaffung finanzieller Selbstbewilligung von Geldern. Dazu gehört auch, mehr Mitwirkungs-, Mitbestimmungs- und Kontrollrechte von Bürgern zu schaffen, beginnend mit einer Aufwertung des Petitionsrechtes und von Anhörungsrechten zu echten Bürgerrechten bis zur schrittweisen Einführung von Volksbegehren und Volksentscheid.

Noch ein Vorschlag: Diese Vorhaben sollten aus den Straf- und Bußgeldern finanziert werden, die die CDU oder andere Parteien rückerstatten müssen.

2 Reformziel: Demokratische Bildung und Erziehung

Plädoyer zur Stärkung eines vernachlässigten Erziehungsauftrages

(Zeitschrift Pädagogik, August 2003)

Nicht erst seit dem so genannten PISA-Schock beschleicht mich großes Unbehagen, wenn ich über schulische Lern- und Erziehungsergebnisse bei heute heranwachsenden jungen Menschen nachdenke und über die Diskrepanz zwischen theoretischer Einsicht und bildungspolitischer Wirklichkeit. Es ist ein Unbehagen, das sich jetzt verstärkt hat, und zwar nicht allein wegen der im internationalen Vergleich für unser Land so mediokren Testergebnisse, sondern mehr noch wegen der sich hinter den Statistiken verbergenden Ursachen und Urgründe: Noch nie wurde die Problematik unseres traditionellen (Lern- und) Schulsystems so schonungslos enttarnt wie durch die Testergebnisse der international vergleichenden PISA-Studie.

Deshalb wird es keinesfalls genügen, nur einige Kurskorrekturen vorzunehmen (zum Beispiel ein bisschen Ausbau der Vorschulerziehung hier und da Ganztagsschulen, standardisierte Erfolgskontrollen und Benotungen...), vielmehr stellt sich die Kernfrage nach der äußeren – und vor allem nach der inneren – Verfassung unseres Schulsystems, und zwar nicht nur nach ihrem Bildungs-, sondern auch nach ihrem Erziehungsauftrag, inklusive der Erziehung zu freiheitlich demokratischen Verfahren und Verhaltensformen. Alles in allem geht es um ein zukunftsfähiges Schulwesen, in dem junge Menschen für die Welt von morgen, in die sie hineinwachsen sollen, schon heute so vorbereitet werden, dass sie als Erwachsene auch neuen Anforderungen ihres persönlichen, beruflichen und gesellschaftlich-politischen Lebens gewachsen sind.

In dieser Kernfrage – und nicht bei nationalen oder föderalen Prestigefragen – muss eine Erfolg versprechende Diskussion ansetzen, und hier liegt auch die Chance, dass der «PISA-Schock» mehr bewirkt als das sattsam bekannte bildungspolitische Geplänkel und zaghafte Korrekturen. Deshalb wünschte ich, wir würden «PISA» als Warnsignal begreifen, um die längst fällige, die notwendige Re-Vision unseres gesamten schul- und bildungspolitischen Konzepts in Gang zu setzen. Es mag zwar bedauerlich sein, dass es erst dieses «Menetekels» bedurfte, bevor Bildungspolitik nach über 30 Jahren endlich wieder ein Thema, ein Politikum und sogar zu einer «nationalen Prestigefrage» geworden ist. (Vor letzterem sollten wir uns eigentlich hüten!)

Jedenfalls helfen Schuldzuweisungen, Nabelschau und Apologetik nicht weiter. Jetzt heißt es Abschied nehmen von unserem bislang unerschütterlichen bildungspolitischen Credo, dass Schulen von Staats wegen organisiert und bürokratisch von Amts wegen reglementiert werden müssen, dass mit abfragbarem Lernwissen über Noten und Schulerfolg entschieden werden muss und dass dem Bildungsauftrag mit Fächerpauken gemäß amtlich verordneter Lehrpläne und im 45-Minuten-Takt Genüge getan wird.

Diese und andere fundamentale Struktur- und Verfahrensfehler lassen sich nicht mit Detailmaßnahmen korrigieren. Was Not tut und meines Erachtens unverzichtbar ist, ist eine umfassende Re-Vision des Bildungs- und des Erziehungsauftrages der Schule, ihres Selbstverständnisses und ihrer Verantwortlichkeiten, ihrer Struktur und Organisation, ihrer Lehreraus- und -fortbildung in einer – und für eine – sich rasant verändernde(n) Welt.

Angesichts des Ausmaßes dieser Herausforderungen knebeln die hierarchisch verfestigten Strukturen und Abläufe unseres überlieferten Schulsystems jede wirkliche Veränderung. Und deshalb stellt sich für alle Zuständigen und Verantwortlichen die prioritäre Aufgabe, die Voraussetzungen dafür zu schaffen, dass Schule und Unterricht, Lehrer, Erzieher und Schulverwaltungen von ihren Gängelbändern befreit werden, damit sie sich offener und innovativer als bisher mit den sich ständig verändernden Bedingungen auseinandersetzen und mit ihnen Schritt halten können. Meines Erachtens wäre das die erste und wichtigste Konsequenz aus der PISA-Studie:

Weg vom Gängelband des Staates, weg mit Denkverboten und hin zur selbstverantworteten Erprobung neuer Formen des Lernens und Lebens in der Schule. Diese bildungspolitische Grundsatzdebatte wird von den politisch Verantwortlichen bisher leider nicht oder nur äußerst verhalten geführt. Statt den eigentlichen Ursachen für unser schlechtes Abschneiden auf den Grund zu gehen, beschränkt sich die Reformbereitschaft auf vordergründige Korrekturen, die eher dem Prestigedenken entspringen als einer allfälligen Innovation an Haupt und Gliedern.

So genügt es sicher nicht, unsere Diskussion darauf zu beschränken, wie wir das nächste Mal bei den Testfächern besser abschneiden können, um uns eine neuerliche «PISA-Blamage» zu ersparen (zum Beispiel, indem der Druck auf Grund der getesteten Schulleistungen verstärkt wird), statt dessen kommt es darauf an zu klären und zu erproben, wie individuelle, soziale und intellektuelle Entwicklungen bei möglichst vielen Kindern und Jugendlichen gefördert und altersgemäße Kompetenzen, Eigenständigkeit und Teamfähigkeit gestärkt werden können; wie – trotz Ablenkung durch tagtägliche Reiz- und Informationsüberflutung – neue Formen der Wissensvermittlung zur Konzentration auf selbständige (Lern-)Interessen und (Lern-)Ziele hinführen können, und all das mit dem durchgängigen Auftrag, Schüler zu selbständigem Arbeiten und Denken, zu mehr Kreativität, zur Selbst- und Mitverantwortung für den persönlichen Bildungsprozess zu befähigen.

Ein so angelegter, umfassender Innovationsansatz tut Not, und erst dann, wenn er gewollt wird, kann es gelingen, den PISA-Schock aufzuarbeiten und mehr noch, ihn positiv als Chance zu begreifen.

Ich möchte dies präzisieren:

Zuerst und vor allem muss es uns um den gesellschaftspolitischen Stellenwert unseres Schul- und Bildungswesens gehen. Das heißt, um die pädagogische, soziale und demokratische Verfasstheit unserer Schulen als Voraussetzung für bessere, verbreiterte und vertiefte Lern- und Bildungschancen, worunter ich die ganze Bandbreite des innerschulischen Zusammenarbeitens und Zusammenlebens, inklusive neuer Gestaltungs- und Beteiligungsmodalitäten verstehe.

Anders formuliert:

Wir brauchen Schulen, in denen individuelles und gemeinsames Lernen und Arbeiten sowie humane und soziale Kompetenzen mit dem Ziel gefördert werden, dass Leistungsfreude, Engagement und Zusammenhalt besser gedeihen können als bisher. Das ist der Kern des Erziehungsauftrages, der heute als Folge des hierfür partiell ausfallenden Elternhauses wichtiger und unverzichtbarer denn je geworden ist.

Deshalb muss er nicht nur neu definiert, sondern vor allem neu wahrgenommen werden.

Die Schule, die wir wollen müssen, muss also eine Schule

sein, die die Voraussetzungen dafür schafft, dass unseren Kindern und Enkeln am Ende nicht nur amtliche Abschlüsse und unterschiedliche «Reifen» bescheinigt, sondern dass sie von früh auf und altersgemäß zur Mitverantwortung und Selbständigkeit, zu Fairness, Toleranz und Zivilcourage, also zu demokratischer Teilhabe befähigt werden.

Gerade dieser Erziehungsauftrag muss, angesichts anschwellender Politik(er)-Verdrossenheit, Gewaltbereitschaft und rechtsextremistischer Umtriebe auch in unseren Schulen eine ganz besondere Priorität erhalten. Weshalb tun wir uns mit seiner Verwirklichung so schwer?

Einmal, weil Erziehung in unserer Schultradition seit eh und je als Aufgabe des Elternhauses verstanden wurde. Zum anderen, weil das gesellschaftliche Umfeld, in dem Kinder und Jugendliche heute heranwachsen, zu den genannten Erziehungszielen zumeist konträr ist – vom immensen Einfluss der Medien ganz zu schweigen. Denn, wie kann es der Schule gelingen, all das zu fordern und zu fördern, was in der Gesellschaft und in vielen Elternhäusern längst nicht mehr «in» ist? – Weshalb lernen, was nicht unbedingt verlangt wird? Weshalb Anstrengungen machen, die nicht dem persönlichen Vorteil zugute kommen? – Weshalb Rücksicht nehmen auf Schwächere und ihnen zur Seite stehen, wenn im gesellschaftlichen Umfeld allein «Ellbogen» entscheiden? – Weshalb soll man sich für das Gemeinwesen engagieren, wenn die Angebote der Spaßgesellschaft so viel mehr «Lustgewinn» versprechen?

Dennoch und allen Widersprüchen zum Trotz: Gerade hier liegen die eigentlichen Bewährungsproben für unsere Schulen, aber auch für die Elternhäuser: nicht die «heile Welt» vorgaukeln, sich nicht von der Realität abkapseln, aber dennoch andere Maßstäbe setzen, sie einüben und vorleben.

Das Ergebnis und der Stellenwert all dieser Bemühungen wird sich zwar nicht unmittelbar in PISA-Kategorien messen lassen, wohl aber kann ein gutes Schulklima der beschriebenen Art Zusammengehörigkeits- und Wir-Gefühl erzeugen und damit mittelbar zum anspornenden «Spirit» und zum Erfolg einer Schule beitragen. Das gute Abschneiden der skandinavischen und angelsächsischen Schulsysteme geht ganz entscheidend auf diese Faktoren zurück, und hierzulande sind es neben Privatschulen nicht zufällig zum Beispiel auch die Bielefelder Laborschule oder die Wiesbadener Helene-Lange-Schule, in denen Erziehungsziele wie die vorher beschriebenen einen hohen Stellenwert haben und sich in auffallend besseren Testergebnissen niederschlagen.

Wie stehen die Chancen, dass die beschriebenen und – dank der PISA-Vergleichsmöglichkeiten – zu ortenden Schwächen und Defizite in unserem Schulsystem nicht nur durch partielle Reparaturen übertüncht, sondern von Grund auf revidiert werden?

Hierzu einige abschließende Anmerkungen, denen mein langjähriges bildungspolitisches Interesse und meine einschlägigen Bemühungen zugrunde liegen:

Die Vernachlässigung des Erziehungsauftrages in unseren Schulen im allgemeinen und zur Demokratiefähigkeit im Besonderen ist mir bereits in den 60er Jahren bewusst geworden, als ich im Anschluss an meine damaligen Informationsreisen durch die «Pädagogischen Provinzen» der Bundesrepublik in fast allen westlichen Demokratien inklusive der USA und Kanada vergleichende Betrachtungen anstellte.

Schon damals wurden mir – abgesehen von der vergleichsweise eklatanten (bis heute nicht überwundenen) sozialen Chancenungleichheit unseres Schulsystems – die bemerkenswerten Anstrengungen bewusst, die andere Demokratien auf allen Feldern sozialer und demokratischer Bildung und Erziehung aufzuweisen hatten, vom Kindergarten bis zum Schulabschluss. Da gab es Projekte zum Einüben und Einhalten selbst gegebener Spielregeln im schulischen Zusammenleben, zum Erwerb sozialer Kompetenzen, inklusive schulinterner Konfliktlösungen – zur Ermutigung zum selbstverantworteten demokratischen Handeln in- und außerhalb der Schulgemeinschaft – und zur Förderung freiwilliger sozialer Dienste. Desgleichen erlebte ich selbst organisierte Debattierclubs und wohl vorbereitete Diskussionen mit Politikern.

Hinsichtlich dieser Lern- und Erziehungsziele war die Diskrepanz zu unserem verstaatlichten und verreglementierten Schulsystem eklatant. Damals gab es nämlich bei uns noch nicht einmal in allen Bundesländern das meist nur auf eine Wochenstunde in einem Schuljahr beschränkte Lernfach «Sozialkunde».

Seither hat sich zwar manches gebessert, und es lassen sich erfolgreiche Einzelbeispiele für sozial- und gesellschaftspolitisch engagierte Schulleiter, Lehrer und Schüler finden. Insgesamt aber sind wir immer noch weit davon entfernt, den beschriebenen Erziehungs- und Lernzielen in unseren Schulen einen festen, fächerübergreifenden, zugleich innovativen und motivierenden Stellenwert einzuräumen. Auch fehlt es oft an der notwendigen Ermutigung und Anerkennung positiver Ansätze. Vor allem aber fehlt ein öffentlicher gesellschaftspolitischer Konsens über die Priorität dieser Lern- und Erziehungsziele und demzufolge mangelt es oft auch an pädagogischer Motivation der Lehrer.

Erst in allerjüngster Zeit und angesichts anschwellender Gewaltbereitschaft und rechtsextremistischer Umtriebe in unseren Schulen beginnt die Öffentlichkeit die politische Dimension dieser bildungspolitischen Versäumnisse wahrzunehmen. Dafür tragen nicht allein Schulen und Schulverwaltungen Verantwortung, sondern auch Parlamente, Regierungen und Chefetagen, die es versäumt haben, Erziehung zur Verantwortung in der Demokratie rechtzeitig als Priorität und gemeinsame gesellschafts- und schulpolitische Aufgabe zu erkennen, zu fordern und zu fördern. Mit einem einmal von oben verordneten, bildungspolitischen «Ruck» ist es da nicht getan. Stattdessen brauchen wir konkrete Projekte, die «Schule machen», das heißt zum Mitmachen und Durchhalten anstecken.

Als ein Beispiel hierfür nenne ich das 1988 initiierte Förder- und Wettbewerbsprogramm für Schulen und Schüler «Demokratisch Handeln», das alljährlich von der *Theodor Heuss Stiftung* zusammen mit der Akademie für Bildungsreform (Professor Flitner und Professor Fauser, Jena) durchgeführt wird. Inzwischen beteiligen sich alljährlich etwa 200 Schulen beziehungsweise Klassen mit teilweise sehr interessanten und kreativen Projekten. Etwa 40 werden ausgewählt und zu einer mehrtägigen «Lernstatt Demokratie» eingeladen und ausgezeichnet. – Dieses Programm wird ausschließlich mit Bundes- und Spendenmitteln und erst in den allerletzten Jahren auch mit bescheidenen Beiträgen einiger Bundesländer unterstützt.

Natürlich kann ein – noch dazu quasi privates – Förderprogramm allein nicht mehr leisten als einen bescheidenen Anfang. Es könnte aber weiterwirken, wenn es seitens aller Bundesländer ausreichend mitgetragen, gefördert und ausgebaut würde. Immerhin hat nun die «Bund-Länder-Kommission für Bildungsplanung» (BLK) erstmals einen einschlägigen «Modellversuch» beschlossen. Ob und wie er verläuft, wann verwertbare Ergebnisse vorliegen und diese umgesetzt werden können, das alles steht allerdings noch in den Sternen.

Und bis dahin? Wird der «PISA-Schock» alsbald wieder verpuffen?

Das wäre nach meiner Überzeugung nicht zu verantworten. Um überfällige Reformen nicht neuerlich auf die lange

(Schul-)Bank zu schieben, sollten zumindest bereits vorhandene Programme gestärkt und weiterentwickelt und neue Projekte ermutigt werden. Dazu könnten an den Schulen Arbeitskreise interessierter Lehrer, Schüler und Eltern gebildet werden und in Schulbehörden Berater zur Verfügung stehen. – Und ab sofort könnten im Schulalltag vom Kindergarten bis zum Schulabschluss mehr demokratische Lebens- und Umgangsformen vorgelebt, eingeübt und erfahren werden. Auch könnte alsbald ein regelmäßiger Erfahrungs- und Informationsaustausch organisiert werden.

Mein abschließendes Plädoyer lautet: Wir sollten endlich Ernst machen mit der Realisierung innerschulischer Innovationsprozesse, andernfalls werden wir nicht nur auch bei künftigen PISA-Studien weiter am unteren Ende der Vergleichsskala rangieren, sondern gefährden dann auch die Fortentwicklung unserer Demokratie, sowohl als menschenwürdige Staats- als auch als zivilisierte Lebensform.

3 Wenig Glanz, viel Elend

Über den unbekümmerten Umgang mit der «Flick Collection»

(FAZ am Sonntag, 5. September 2004)

Es ist fünfundsechzig Jahre her, dass der grausamste aller Weltkriege begann, und nahezu sechzig Jahre, dass er zu Ende ging. Die mit beiden Daten verbundenen Ereignisse stehen in allen politischen Gedenkkalendern: Die Landung der Alliierten in der Normandie, die Befreiung von Paris, der 20. Juli 1944, der Überfall auf Polen. Immer geht es dabei um Erinnern an Schuld und Sühne, um Einsicht und Besinnung.

Für den 22. September 2004 steht jedoch eine Gedenkveranstaltung besonderer Art bevor. Sie wird begleitet von nicht aufgearbeiteter Schuld und nicht geleisteter Sühne. Unter der Obhut der Stiftung Preußischer Kulturbesitz wird eine der größten Sammlungen moderner Kunst, die «Flick Collection», eröffnet. Was ist daran gedenkenswert? Ein steinreicher Sammler, der einst die Bundesrepublik als Steuerflüchtling verlassen hat, kehrt mit seinen Kunstschätzen zurück. Der Grundbestand stammt aus dem – nicht zuletzt aus Sklavenarbeit und Arisierungserlösen herrührenden – Erbe seines Großvaters. Jenes Großindustriellen also, der einer der skrupellosesten Nutznießer der Nazizeit war. In den Nürnberger Prozessen zu sieben Jahren Haft verurteilt, kam er vorzeitig frei, zeigte nie auch nur Spuren von

Reue und ließ den Opfern nicht die kleinste Entschädigung zukommen. Auch sein Enkel hat das bis in allerjüngste Zeit so gehalten. Er hat weder in den Stiftungsfonds für ehemalige Zwangsarbeiter eingezahlt noch Anstalten gemacht, die Vergangenheit des Konzerns wissenschaftlich aufarbeiten zu lassen. Nun kehrt er heim, um sich in der Bewunderung seiner Kunstschätze zu sonnen.

Und da geht keine Protestwelle durch unser Land – anders als in Zürich, das nach wütenden Protesten den Bau eines Museums abgelehnt hat. Die wenigen Einwände wurden mit dümmlichen Erklärungen abgebügelt. Etwa mit dem Hinweis, es werde ein Begleitprogramm zur Ausstellung geben – was doch für jede Ausstellung dieser Art selbstverständlich ist. Oder mit dem Verweis, die Stiftung habe im Auftrag von Herrn Flick (wenige Wochen vor Ausstellungseröffnung!) dem Münchner Institut für Zeitgeschichte einen Forschungsauftrag erteilt, für den es freilich noch nicht einmal ein Exposé gibt – nur bitte keine Störungen angesichts der angeblich so bußfertigen Rückkehr des verlorenen Enkels.

Nur eine mutige, um Aufklärung bemühte Frau will das nicht. In einem – in zweifacher Hinsicht «offenen» – Brief begründete die einzige Flick-Enkelin, Dr. Dagmar Ottmann, geb. Flick, ihre Bedenken. 2001 hatte sie mehrere Millionen Mark in den Stiftungsfonds eingezahlt. Nun fordert sie sowohl eine «Entflechtung» der Ausstellung vom Namen Flick als auch ein Moratorium, das bis zur wissenschaftlichen Aufarbeitung der bislang nicht zugänglichen Akten über die Verstrickung des Konzerns während der Naziherrschaft gelten soll. Mit dieser Aufarbeitung hat sie schon im vorigen Jahr den renommierten Zeithistoriker Norbert Frei beauftragt – es ist allerdings bis heute nicht klar, ob dieser an die unter Verschluss gehaltenen Quellen herankommen wird.

Auf meine Rückfrage bei der Leitung der Stiftung Preußischer Kulturbesitz lautete die abwiegelnde Antwort: Wir mischen uns nicht in Familienquerelen ein. Das ist, soweit mir bekannt, das einzige offizielle Echo auf Frau Ottmanns bedenkenswerte Intervention. Ich habe den Eindruck, dass man bei der Stiftung mittlerweile zwar etwas verunsichert ist, die Ausstellung aber unbedingt durchziehen will, selbst um den Preis einer unverzeihlichen Unsensibilität.

So frage ich: Warum hat man die wissenschaftliche Aufarbeitung des Komplexes nicht vor die Entscheidung über die Schirmherrschaft der Ausstellung gestellt, sondern erst jetzt eingeleitet, da es für jedwede Konsequenz bereits zu spät ist? – Wer bezahlt eigentlich diesen Forschungsauftrag: der Steuerzahler oder der Auftraggeber Flick? – Warum hat man nicht versucht, die Bedenken von Frau Ottmann aufzunehmen, warum hält man sie nicht einmal einer Antwort für würdig? – Sieht man nicht, dass mit dieser quasi-offiziellen Rehabilitation beträchtlicher Schaden für das Ansehen der Bundesrepublik entstehen könnte? – Ist den politisch Verantwortlichen nicht mehr erinnerlich, dass jener größte Skandal, der die Bonner Republik jahrelang bis ins Mark erschütterte und in dessen Verlauf mehrere angesehene Politiker zu hohen Geldstrafen verurteilt worden sind, auch den Namen Flick trägt?

Es fällt mir auf meine alten Tage nicht leicht, noch einmal aufzubegehren. Ich tue es, weil ich die Sorge habe, dass unser Bemühen um einen anständigen Umgang mit unseren Geschichtslasten zu Ende geht – nicht nur im Fall der «Flick Collection». Weil ich befürchte, dass die Zeit abläuft, in der wir im biblischen Sinne individuell und kollektiv bemüht waren, *«mit Tränen zu säen, um mit Freuden zu ernten»*. Weil ich ahne, dass die Zeit der Entsorgung dieser Lasten und des Vergessens der Opfer anbrechen könnte. Wenn wir nicht wachsam sind.

4 Austrittsbrief an den FDP-Vorsitzenden Guido Westerwelle

Sonntag, den 22.09.2002
(14 Uhr)

Dr. Dr. h.c.
Hildegard Hamm-Brücher
Staatsministerin a.D.

An den Vorsitzenden der FDP
Herrn Dr. Guido Westerwelle
FDP Bundesgeschäftsstelle
Reinhardtstr. 14
10117 Berlin

Sehr geehrter Herr Vorsitzender,

nach mehrmonatiger Bedenkzeit erkläre ich heute, am 22. September, meinen Austritt aus der FDP. Diese Entscheidung habe ich bewusst vor dem Wahlausgang und ihren Ergebnissen, sowie unabhängig von der politischen Zukunft Ihres Stellvertreters [Jürgen W. Möllemann] getroffen.

Meine Entscheidung, die mir sehr schwer gefallen ist, basiert auf der Einsicht, dass ich meine persönlichen und politischen Grundwerte in der heutigen FDP nicht mehr ausreichend vertreten kann und gewährleistet sehe. Aus dieser Entwicklung und insbesondere durch die andauernde rechtspopulistische, antiisraelische und tendenziell Antisemitismus schürende Agitation des stellvertretenden Parteivorsitzenden ist eine wechselseitige Entfremdung zwischen der Partei und mir entstanden, die für mich unerträglich und irreparabel geworden ist, weil sie die Fundamente meiner Überzeugungen für mein politisches Engagement infrage stellt.

Nach dem Erleben und den Erfahrungen der Nazidiktatur wollte ich seit 1945 alles in meinen Kräften stehende dazu beitragen, dass in Deutschland nie wieder Rassen- und Fremdenhass direkt oder indirekt geschürt oder gar geduldet werden darf. Jüdischen und anderen rassischen und/oder religiösen Minderheiten sollten hinfort nicht nur eine angstfreie, sondern auch eine geachtete und gleichberechtigte Existenz gesichert und garantiert werden. Das schließt auch das Existenzrecht des Staates Israel in gesicherten Grenzen ein. Aus diesen Gründen konnte und kann ich diesbezügliche taktische Kursschwankungen und Formelkompromisse, wie sie in der FDP gang und gäbe geworden sind, nicht länger mittragen.

Meine diesbezüglichen Besorgnisse habe ich Ihnen, Herr Vorsitzender, wiederholt mitgeteilt und dabei auf Ihre besondere Verantwortung für absehbare (Fehl-)Entwicklungen in der FDP hingewiesen. (Ich erinnere an meine Briefe vom 12. Dezember 2001 und vom 6. Mai sowie 23. Juni 2002.) – Ihre Reaktionen auf meine und andere warnende Stimmen, vor allem aber Ihr zögerliches Verhalten hinsichtlich der Eskapaden Ihres Vertreters haben mich in meiner Kritik bestärkt, dass Sie Ihre Führungsverantwortung nicht rechtzeitig und nicht ausreichend wahrgenommen haben. Sie haben zu lange geschwiegen und dem Möllemann-Kurs nicht rechtzeitig Paroli geboten. Für «Last-minute»-Absetzbewegungen ist es nun zu spät. Langwierige Personalquerelen und Turbulenzen sind absehbar.

Mein Resümee: Nach 54-jähriger Parteizugehörigkeit (darunter viele Jahre in führenden Parteiämtern) vermag ich in einer zur rechten Volkspartei à la Möllemann gestylten FDP keine Spuren eines Theodor Heuss, eines Thomas Dehler und Karl-Herrmann Flach, eines Ignatz Bubis und vieler anderer aufrechter Liberaler mehr zu entdecken. Damit habe ich meine politische Heimat verloren und muss von heute an, traurigen Herzens, zur Wechselwählerin werden.

H. Hamm-Brücher

IV MEHR DEMOKRATIE WAGEN

1 «Ein Lied von der Freiheit singen»
Anmerkungen zum Beitrag von Theodor Heuss zu unserer Demokratiewerdung

(Beitrag zur Festschrift für Bischof Wolfgang Huber, August 2002)

I.

Nach der «Erlösung» von der Hitler-Diktatur am 8. Mai 1945 und dem Zusammenbruch aller staatlichen und nationalen Strukturen glaubten wir, dass nun die «Stunde Null» gekommen sei und Deutschland und die Deutschen dem Untergang geweiht seien: Deutschland war «vernichtet», das Land von den Siegermächten besetzt, in vier Zonen geteilt, bar jeder eigenen Staatsgewalt und Ordnung. Finis Germaniae!

Wir seien nun «zu Zuschauern unseres eigenen Schicksals» geworden, hatte Theodor Heuss in den ersten Maitagen nach dem totalen Zusammenbruch in seinem Tagebuch notiert. Alle verbliebenen Kräfte galten dem täglichen Überleben. Mitleid kannten wir nur für uns und keines für unsere Opfer, auch keine Reue oder Scham über unser Mitverschulden. Das galt auch hinsichtlich der herumirrenden, dem Tode knapp entronnenen zahllosen ehemaligen KZ-Häftlinge und Zwangsverschleppten. Sollten sich «die Sieger» um sie kümmern.

Ich lebte damals in Starnberg in einem Kreis befreundeter «Anti-Nazis», die wir nach neuen Ufern Ausschau hielten und über eine menschenwürdige Zukunft nachdachten. Auch lasen wir in der Bibel und diskutierten zum Beispiel über die schöne Jeremia-Parabel: *«Nehmet Neuland unter den Pflug und säet nicht unter die Dornen»* (Kapitel 4,3). An einem der ersten «Friedens»-Sonntage predigte unser Starnberger Pfarrer über den 126. Psalm: *«Die mit Tränen säen, werden mit Freuden ernten.»*

Zu beidem waren wir entschlossen. Wie aber und woran sollten wir uns politisch orientieren? Rundum sahen wir nur die materiellen und moralischen Trümmer des Unrechtsstaates: Von Freiheit war schon seit 1933 nicht mehr die Rede gewesen, Eigenverantwortung wurde in der Tradition des totalitären Obrigkeitsstaates abgestritten und auf Befehle anderer abgeschoben. Nun auf die Siegermächte.

Von Demokratie und Rechtsstaat hatten die wenigsten von uns jüngeren Deutschen eine Ahnung und von «Freiheit» als Prinzip eines menschenwürdigen und angstfreien Zusammenlebens konnten wir allenfalls träumen. Eigenverantwortung für die politische Zukunftsgestaltung war zunächst nicht mehr als ein fernes Ideal.

Nur sehr allmählich keimten vage Vorstellungen, wie ein Nach-Hitler-Deutschland in den westlichen Besatzungszonen politisch und gesellschaftlich aufgebaut und gestaltet werden könnte. Erste politische Orientierung gab es über den Rundfunk. Ab Mitte 1945 erschienen dann die ersten, zunächst nur zweiseitigen, später vierseitigen deutschen Zeitungen und fanden die ersten Zusammenkünfte von örtlich «lizensierten» politischen Parteien statt; die ersten «freien» Kommunalwahlen seit 1933 gab es 1946. Damit war die «Stunde Null» abgelaufen, und langsam, sehr langsam begannen sich die Uhrzeiger in Richtung eigener Zukunft wieder zu drehen.

II.

Ich habe das alles vorausgeschickt, um zu verdeutlichen, dass die Anfänge unserer Demokratiewerdung alles andere als revolutionär und von Begeisterung für die Freiheit des Denkens und Verhaltens, im Sinne des biblischen «Neuland-Pflügens», getragen waren: Überwiegend waren es die westlichen Siegermächte, die die Vorgaben machten und uns erst nach und nach zu politischer Selbstständigkeit ermutigten.

Aber es gab auch Ausnahmen. Eine davon war Theodor Heuss, einer der wenigen übrig gebliebenen Weimarer Demokraten. Schon in seinen Tagebuchaufzeichnungen nach Kriegsende – an öffentliches Reden war noch gar nicht zu denken – ging es ihm wieder und immer wieder um Deutschlands demokratische Zukunft. Bereits anlässlich der Neugründung der «Demokratischen Volkspartei» am 3. November 1945 begann er seine Rede mit der Ankündigung, er wolle *«ein Lied von der Freiheit»* singen, das *«auch in den Seelen junger Menschen Widerhall finden»* solle.

Im handschriftlich erhaltenen Manuskript sind hierzu folgende (Stich-)Worte nachzulesen: *«Demokratie braucht freie Luft ... muss hinausführen in die Weltzusammenhänge ... Demokratie ist kein Zauberwort für unsere Nöte ... Sie ist eine Gesinnung, die im Mitmenschen den Bruder erkennt ... Das Wort ‹Bruder› muss Würde haben, nichts vom bourgeois und nichts vom Spießbürger, sondern ein Stück Tapferkeit ...»*

«Um Deutschlands Zukunft», so lautete auch der Titel seiner ersten großen öffentlichen Rede, in der er sein demokratisches Credo präzisierte. Er hielt sie auf Einladung des Berliner «Kulturbundes für die demokratische Erneuerung» am 18. März 1946 im Ost-Berliner Haus des Rundfunks. Meines Erachtens ist sie ein wichtiges, vielleicht *das* wichtigste Dokument für eine wahrhaftige Bestandsaufnahme, aber auch für die Chancen eines zukunftsweisenden Neubeginns. Hier einige charakteristische Passagen:

«Wir waren zwölf Jahre in der Hölle der Geschichte. Wir sind auf langehin jetzt im Fegfeuer des Läuterungsweges. Und dann kommt das Paradies? Nein, das Paradies, das gibt es nur in utopischen Romanen. Dort ist es schön auch für die Menschheit. Aber utopische Romane werden gelesen und nicht erlebt. Wir werden froh sein, wenn es nicht das Paradies ist, sondern wenn wir nur einmal wieder den festen Boden eines freien Lebens bekommen. Dies sollen wir bekommen im Zeichen der Demokratie. Demokratie heißt auch nicht nur Wählerstatistik und ist nicht nur ein Rechenverfahren, sondern im Elementaren die Anerkennung eines freien Menschentums, das auch im Gegner den Partner sieht, den Mitspieler. Die Deutschen müssen bei dem Wort Demokratie ganz vorn anfangen im Buchstabieren …»

«Wir stehen und werden weiterhin stehen unter der Last unserer an Größe reichen Geschichte, weil bei uns in Deutschland die Geschichte der Freiheitskämpfe, die auch wir gekannt haben, eine Geschichte der Niederlagen geworden und geblieben ist … Wir haben den Bauernkrieg geschichtlich verloren. Wir haben die geistigen Erhebungen 1815, 1830, 1848, die Verfassungskämpfe der 1860er Jahre … verloren. Es ist uns nicht gelungen …, (aus diesen Ereignissen) eine ihrem Bewusstsein dienende Kraft zu schaffen. … Aus dieser Geschichte missglückter Freiheitskämpfe ist uns Deutschen eines geblieben: Die Angst vor dem Atem der Freiheit …»

Schon diese wenigen Passagen zeugen nicht nur von der Formulierkunst und Klarheit im politischen Denken von Heuss, sondern auch von seiner politischen Weitsicht und seinem demokratischen Charisma. Während der Beratungen zum Grundgesetz (1948/49) kam beides zu voller Entfaltung. Heuss wurde – zusammen mit Carlo Schmitt – zum bedeutendsten Wort- und Gedankenführer bei der Gestaltung unserer geschriebenen Verfassung, die er nie als «Provisorium», allenfalls als «Transitorium» empfand. Er war überzeugt, dass mit der Schaffung des Grundgesetzes *«das erste Stück festen Bodens unter das künftige deutsche Schicksal geschaffen»* sei, so formulierte er in seiner Schlussansprache am 8. Mai 1949 – und plädierte, aller Skepsis anderer Redner zum Trotz, für seine Annahme ohne «Wenn und Aber». Damit war sein Weg zur ersten Bundespräsidentschaft in der neu gegründeten Bundesrepublik vorgezeichnet und musste das *«Paragraphengespinst»*, wie er es nannte, *«mit Leben erfüllt»* werden. Genau das gelang ihm in beispielstiftender Weise. Im Bilde der Jeremia-Parabel ausgedrückt: Heuss nahm demokratisches Neuland unter den Pflug und war entschlossen, nicht unter alte, immer noch wuchernde Dornen zu säen.

Ich hatte Theodor Heuss im Herbst 1946 kennen gelernt, und er war es, der entscheidend dazu beitrug, dass wir jungen Nach-Hitler-Deutschen uns ermutigt fühlten, in *«das Lied von der Freiheit»* einzustimmen. Auf seine humorvolle, heute wohl etwas altväterlich anmutende Art befreundete er uns mit demokratischen Ideen und Angeboten (heute würden wir es *know-how* nennen) und spornte uns durch sein eigenes Tun und Lassen an, davon den *«rechten»* – das hieß für ihn: freiheitlichen – *«Gebrauch zu machen»*. Auch plädierte und sorgte er gern für «Entkrampfung» durch Humor und Gelassenheit *(«nun siegt mal schön ...»)*. Oder zum Beispiel als er vor verbissen über Schulreform debattierenden Lehrern empfahl, man solle doch im Unterricht «Allotria» als wichtigsten Punkt der Schulreform einführen, da lachten alle, und die Verkrampfung war wie weggeblasen. Leider natürlich nicht für immer.

Da es mir im Rahmen meines Beitrags zur Festschrift für Wolfgang Huber natürlich nicht möglich ist, alle Beispiele des Wirkens und Bewirkens von Theodor Heuss während seiner zehnjährigen Bundespräsidentschaft darzustellen, werde ich mich auf drei Schwerpunkte beschränken, die mir für die Anfänge und Fortentwicklung unserer Demokratiewerdung auch heute noch von Bedeutung zu sein scheinen und von denen ich weiß, dass sie auch für das gesellschaftspolitische Wirken von Wolfgang Huber, vor allem in der Zeit seines Engagements im Präsidium des Deutschen Evangelischen Kirchentags, wegweisend waren.

III.

Es sind drei Schwerpunkte des Heussschen demokratiepolitischen Denkens und Handelns, die ich im Folgenden herausstellen und kommentieren möchte:

1. Sein immer währendes Anliegen, aus den Irrtümern und Fehlentwicklungen unserer Geschichte politische und moralische Konsequenzen zu ziehen.
2. Sein progressives und bürgernahes Demokratieverständnis und sein Einstehen für eine demokratische «Konstitution», die nicht nur im staatspolitischen, sondern zugleich und vor allem im gesellschaftspolitischen Sinne «freisinnig» gestaltet werden müsse. Heuss verstand Demokratie nicht nur als eine Staats- und Regierungsform, sondern ebenbürtig auch als eine Lebensform, die *«im Bewusstsein und in der Freude des Volkes lebendig sein müsse»*.
3. Das Prinzip (Eigen-) Verantwortung, das für Heuss Voraussetzung und unverzichtbare Bedingung für die Existenz einer freiheitlichen Demokratie war. Im Grundsätzlichen wie im Einzelfall. Nach «Gottesgnadentum» und eingefleischten obrigkeitsstaatlichen Verhaltensweisen, die im totalitären «Führerprinzip» ihre perfekteste und pervertierteste Ausprägung gefunden hatten, war für ihn das Verantwor-

tungsprinzip eine Art «ceterum censeo» – sozusagen der immer wiederkehrende Kehrreim zu seinem «Lied von der Freiheit».

IV.

Deutsche Politik – das ist zum ersten Schwerpunkt festzustellen – war für Heuss, übrigens nicht erst in der Nach-Hitler-Zeit, ohne historische Bezüge nicht denkbar, ja nicht erlaubt. So dachte er von Jugend auf, und zwar sowohl im Grundsätzlichen wie auch in vielen Einzelfragen. Die in seinem Elternhaus lebendige Geschichte und Tradition der 1848er war es, die ihn aus historischer Sicht und politischer Einsicht zum überzeugten Demokraten heranwachsen ließ. Er sei Demokrat *«nicht aus Hass auf die Junker»*, so schrieb er seiner Brieffreundin Lulu von Strauss und Torney 1908 mit 24 Jahren, sondern weil *«Deutschland, der wachsende Industriestaat, Demokratie braucht wie das tägliche Brot»*.

Spätestens nach dem Ersten Weltkrieg, dem ruhmlosen Ende der Monarchie und der Gründung der von ihm herbeigesehnten ersten Demokratie wurde aus seiner jugendlichen Begeisterung eine konkrete politische Aufgabe und alsbald eine existentielle Herausforderung. Das wird in seinen Reden und Schriften aus dieser Zeit sehr deutlich. Sie formte den freiheitsliebenden Schöngeist Heuss zwischen 1918 bis zur Aberkennung seines Reichstagsmandats im Juni 1933 zum verantwortungsbewussten Politiker, der nach dem Scheitern der Republik und seiner zutiefst bereuten Zustimmung zum Ermächtigungsgesetz am 23. März 1933 *«wider besseres Wissen und Gewissen»* (so bekannte er noch in seinen letzten Lebenstagen) zum mit Berufs- und Lehrverbot belegten Dissidenten wurde und schließlich nach 1945 zum beispielstiftenden Demokraten, der auf Einsicht und Erneuerung bestand.

Bereits am 30. Mai 1945 hatte er in seinem Tagebuch notiert: *«Wir müssen jetzt schon den Kampf gegen eine irgend einmal aufwuchernde Hitler-Legende aufnehmen.»* Und in der bereits erwähnten Rede am 18. März 1946 bezeichnete er die Frage des künftigen deutschen Geschichtsbildes als die *«schwerste Aufgabe, die im Geistigen und Politischen vor uns steht»*. Dies sei nicht dadurch zu erreichen, *«dass man eine Reinigungsanstalt herbeihole und die braune Farbe einfach abputze und eine andere aufschmieren lasse, sondern nur durch die Suche nach zweckentbundener Wahrheit in wissenschaftlicher und politischer Freiheit und Verantwortung»*. Heuss stellt fest: *«Die äußere Macht ist verspielt, die moralische muss neu gewonnen werden …»*

Das sind einige Schlüsselsätze für die große Bedeutung, die Heuss der Auseinandersetzung mit den Irrtümern, Fehlentwicklungen und Versäumnissen in unserer politischen Geschichte als Voraussetzung für die Schaffung einer dauerhaften *freiheitlichen* Ordnung in Deutschland beimaß. Er war von der Notwendigkeit des konsequenten «Neuland-Pflügens» überzeugt und hatte die Gabe, andere davon zu überzeugen.

Auch mich! Wenn er vom *«schweren Weg der politischen Selbstreinigung aus historischer und politischer Sicht»* sprach, erinnerte ich mich an den Opfergang der Studenten der «Weißen Rose» und an ihr Vermächtnis, *«nach Ende des Krieges ein Exempel zu statuieren, dass niemand je die Lust verspüren sollte, Ähnliches aufs Neue zu versuchen»* (aus dem vierten Flugblatt). Beides ermutigte mich für mein eigenes Engagement.

Zu solcher politischer Selbstreinigung gehörte Heuss' unermüdliche Auseinandersetzung mit den Ursachen, Folgen und Exzessen des Nationalsozialismus und sein Engagement gegen Vergessen, Verharmlosen und Verdrängen der Greuel und Verbrechen während der NS-Zeit. Darauf bestand er bereits im Parlamentarischen Rat, und nach seiner Wahl zum Bundespräsidenten sprach er es rückhaltlos aus:

«Es ist eine Gnade des Schicksals beim Einzelmenschen, dass er vergessen kann. Wie könnten wir als einzelne leben, wenn all das, was uns an Leid, Enttäuschungen und Trauer im Leben begegnet ist, uns immer gegenwärtig sein würde! Und auch für die Völker ist es eine Gnade, vergessen zu können. Aber meine Sorge ist, dass manche Leute in Deutschland mit dieser Gnade Missbrauch treiben und zu rasch vergessen wollen. Wir müssen das im Spürgefühl behalten, was uns dorthin geführt hat, wo wir heute sind. Das soll kein Wort der Rachegefühle, des Hasses sein. ... Aber wir dürfen es uns nicht so leicht machen, nun vergessen zu wollen, was die Hitlerzeit uns gebracht hat.»

Zwar widersprach Heuss der These von der Kollektivschuld aller Deutschen, setzte ihr jedoch den Begriff der «Kollektivscham» entgegen und sprach von der Mitverantwortung des deutschen Volkes für den «Rückfall in die Barbarei».

«Es hat keinen Sinn, um die Dinge herumzureden. Das scheußliche Unrecht, das sich am jüdischen Volke vollzogen hat, muss zur Sprache gebracht werden ...: Sind wir, bin ich, bist du schuld, weil wir in Deutschland lebten, sind wir mitschuldig an diesem teuflischen Verbrechen? Das hat vor vier Jahren die Menschen im Inland und Ausland bewegt. Man hat von einer ‹Kollektivschuld› des deutschen Volkes gesprochen. Das Wort Kollektivschuld und was dahinter steht ist aber eine simple Vereinfachung, es ist eine Umdrehung, nämlich der Art, wie die Nazis es gewohnt waren, die Juden anzusehen: dass die Tatsache, Jude zu sein, bereits das Schuldphänomen in sich eingeschlossen habe ... Aber etwas wie eine Kollektivscham ist aus dieser Zeit gewachsen und geblieben. Das Schlimmste, was Hitler uns angetan hat – und er hat uns viel angetan –, ist doch dies gewesen, dass er uns in die Scham gezwungen hat, mit ihm und seinen Gesellen gemeinsam den Namen Deutsche zu tragen. Ich weiß, was ich hier sagen werde, wird man-

che Leute ärgern. Ich werde in den kommenden Wochen darüber Briefe erhalten, anonyme Briefe und auch offene Briefe … Aber selbst wenn diese Worte die Zahl dieser Briefe vermehren würden, kann mich das nicht stören. Wir dürfen nicht einfach vergessen, dürfen auch nicht Dinge vergessen, die die Menschen gerne vergessen möchten, weil das so angenehm ist. Wir dürfen nicht vergessen die Nürnberger Gesetze, den Judenstern, die Synagogenbrände, den Abtransport von jüdischen Menschen in die Fremde, in das Unglück, in den Tod. Das sind Tatbestände, die wir nicht vergessen sollen, die wir nicht vergessen dürfen, weil wir es uns nicht bequem machen dürfen.» (Ansprache vor den Deutsch-Jüdischen Gesellschaften, Dezember 1949.)

Dieses unbequeme, immer wieder mahnende «wir dürfen nicht vergessen» erforderte in der dumpfen «Zeit des Beschweigens» – wie die 50er Jahre heute von namhaften Historikern bezeichnet werden – wirklich Zivilcourage. Heuss wurde damals, wie er in der vorher zitierten Rede anmerkte, nicht nur hinter vorgehaltener Hand und nicht nur an Stammtischen heftig kritisiert. Aber es konnte ihn «nicht stören».

Ebenso rückhaltlos und unmissverständlich bekannte er sich auch zum (damals noch höchst umstrittenen) «Recht auf Widerstand» und zum «noch nicht eingelösten» Vermächtnis aller Opfer nationalsozialistischer Verfolgung und Vernichtung. Hiervon legen seine großen Reden wie die zum 20. Juli (1954) und zur Errichtung eines Mahnmals in Bergen-Belsen (November 1952) beispielhaft Zeugnis ab.

Zur zehnten Wiederkehr des 20. Juli sagte Heuss im Hinblick auf die Motive der Attentäter:

«Hier wurde in der Zeit, da die Ehrlosigkeit und der feige und brutale Machtsinn den deutschen Namen besudelt und verschmiert hatten, der reine Wille sichtbar, im Wissen um die Gefährdung des eigenen Lebens den Staat der mörderischen

Bosheit zu entreißen und, wenn es erreichbar ist, das Vaterland vor der Vernichtung zu retten ... Wir werden nicht verhindern können, dass in Hinterstuben diese oder jene Schmährede das Gedächtnis der Männer aufsucht ... Aber wenn ich am Beginn meiner Worte sagte, diese Stunde soll Bekenntnis und Dank sein, so will ich das noch einmal aussprechen ... dank für ein Vermächtnis, das durch das stolze Sterben dem Leben der Nation geschenkt wurde. Die Scham, in die Hitler uns Deutsche gezwungen hatte, wurde durch ihr Blut vom besudelten deutschen Namen wieder weggewischt. Das Vermächtnis ist noch in Wirksamkeit, die Verpflichtung noch nicht eingelöst.»

An dieser Stelle ist nachzutragen, dass die Auseinandersetzungen, die Heuss in den fünfziger Jahren mit der NS-Zeit führte, in einer völlig anderen Atmosphäre stattfanden, als wir sie diesbezüglich heute vorfinden. Damals herrschte die Atmosphäre des «Beschweigens» und der Tabuisierung. Die «Schlussstrich-Apologeten» hatten die Mehrheit, einmal, weil sich in Politik, Wirtschaft und Gesellschaft alsbald wieder ehemalige Nazis, Mitläufer, Uneinsichtige oder «Wendehälse» tummelten, und zum anderen, weil auch Wissenschaft und Justiz (mit wenigen Ausnahmen) vor rückhaltloser Aufklärung und Rechtsprechung zurückschreckten. Die Zeit für eine umfassende, rückhaltlose Aufarbeitung der Nazi-Diktatur und für die Trauerarbeit über ihre unsäglichen Untaten war also noch nicht gekommen, und deshalb waren die diesbezüglichen Heuss'schen Beiträge eine Ausnahme. Aber sie setzten erste Zeichen.

Unsere Demokratiewerdung ist also seit 1945 keineswegs bruchlos verlaufen, und wir tun uns bis heute, mangels ausreichender Kontinuität und Vergewisserung, schwer, von einem gewachsenen demokratischen Traditionsbewusstsein zu sprechen, da es immer noch erhebliche Brüche und Defizite aufweist. Heuss hat das auf die *«Zerbrochenheit unserer geschichtlichen Entwicklung»* zurückgeführt und war entschlossen: *«Wenn wir keine demokratische Tradition haben, gilt es, eine zu schaffen!»*

Dazu wollte er beitragen, vor allem durch Ermutigung und Hinweise auf lebendige und anschauliche Bezüge und auf positive Freiheitserfahrungen. Am Beispiel des damals noch sehr heiklen Themas militärischer Traditionen sprach er es 1959 in einer bemerkenswerten Rede unter dem Titel «Soldatentum in unserer Zeit» an und aus. Hier nur eine Kostprobe:

> *«Diese Bundeswehr ist doch kein Verein für verjährte Märchenerzählungen, sondern eine herb-nüchterne Angelegenheit … Eine Tradition selber zu schaffen ist viel schwieriger, als sie in Resten und Formen verjährter Gesinnungen zu suchen und zu pflegen. Ich habe das, freilich mit geringem Erfolg, bei den studentischen Korporationen, gepredigt … Bitte keine Verkitschung der so ernsten Aufgabe (der Traditionspflege) im heutigen Soldat-Sein zulassen.»*

Heuss betonte die starke Bindekraft von Sprache und Kultur, von geschichtlicher Erfahrung und Einsicht sowie die Verpflichtung zu Humanität, Gerechtigkeit und Toleranz. Diese Überzeugungen scheinen mir auch heute noch, fünfzig Jahre später, nicht antiquiert. Zumindest können wir sie als eine «Handreichung» verstehen, die aufzeigt, dass demokratisches Geschichts- und Traditionsbewusstsein auch zu einer tragfähigen Identitätsfindung beitragen kann, einmal, weil es Rückfällen in nationalistische «Stolz-Tümeleien» eine Absage erteilt und zum anderen, weil es weiter gefasst ist als der seit den 80er Jahren häufig vertretene, sehr abstrakte Begriff des «Verfassungspatriotismus».

V.

Neben dem Lernen aus der Geschichte als erstem Schwerpunkt bezieht sich der zweite der anfangs genannten Schwerpunkte auf das Demokratieverständnis von Theodor Heuss, das er bereits in der Weimarer Zeit sehr viel weiter angedacht hat, als es von der Mehrheit der Deutschen gewollt und verstanden wurde.

Heuss genügte es bereits damals nicht, dass die erste deutsche Republik allein durch eine Verfassungs-«Gebung» quasi von oben gegründet worden war und dann auch «von oben» exekutiert wurde. Nach seiner Einsicht fehlte es von Anbeginn an Bemühungen, die Zustimmung und Unterstützung des Volkes (heute würden wir sagen: der Bürger) zu gewinnen, und er war alarmiert über die wachsenden Anzeichen fehlender Akzeptanz. Angesichts des von Wahl zu Wahl sprunghaften Anwachsens antidemokratischen Denkens und (Wahl-)Verhaltens warnte er bereits Mitte der 20er Jahre: *«Demokratie ist keine Glücksversicherung, sondern das Ergebnis politischer Bildung und demokratischer Gesinnung.»* Folgerichtig unterstützte er alle parteiübergreifenden Bemühungen zur demokratischen Bildung und zur politischen Stärkung der demokratischen Mitte. Doch es war bereits zu spät: Die Weimarer Demokratie scheiterte auch und vor allem am Mangel an politischer Bildung ihrer Bürger, an der fehlenden Akzeptanz politischer Spielregeln und am Fehlen demokratischer Gesinnung, das heißt an Verantwortungsbewusstsein, Zivilcourage und Widerstand gegen ihre Feinde.

Dieses Scheitern durfte sich nach 1945 keinesfalls wiederholen, und deshalb wurde Heuss nicht nur zum sachkundigen Vordenker für unsere geschriebene Verfassung, sondern auch und vor allem zum überzeugten Vorkämpfer für eine gelebte und vom Bürger erlebbare Verfassung. Wieder warnte er vor illusorischen «Heilserwartungen» und plädierte bei Bürgerinnen und Bürgern für ein ebenso realistisches wie verpflichtendes Demokratieverständnis.

«Demokratie ist keine Zauberformel für die Nöte der Welt, die gibt es auch in der Demokratie. Demokratie heißt auch nicht nur Wählerstatistik, sondern ist im Elementaren die Anerkennung eines freien Menschentums, das auch im Gegner den Partner sieht, den Mitspieler. Wir Deutschen müssen beim Wort Demokratie ganz von vorn anfangen mit dem Buchstabieren ...» (18. März 1946)

Im gleichen Sinne mahnte und ermutigte er gleich nach seiner Wahl zum Bundespräsidenten am 12. September 1949 die auf dem Bonner Marktplatz versammelten Bundesbürger und ihre erstmals wieder frei gewählten Repräsentanten:

«Wenn unsere Verfassung nicht im Bewusstsein und in der Freude des Volkes lebendig ist, bleibt sie ein Stück Machtgeschichte der Parteien, die wohl nötig sind, aber nicht den Sinn (der Verfassung) erfüllen.»

Demokratie sollte also nicht nur eine Staatsform sein, sondern zugleich und ebenbürtig eine Lebensform. Von diesen beiden Pfeilern müsse sie getragen werden, und es käme darauf an, beide gleichwertig aufzubauen und zu stärken. Das war die große Vision von Theodor Heuss, die er 1952 in seinem weit greifenden Vortrag über «Politische Stilbildung» – verbindlich bis heute – formuliert hat.

Was ist seither aus dieser Vision geworden? Sind seine seinerzeitigen «Saatkörner» für eine «Stilbildung» auf fruchtbaren Boden gefallen? Haben wir «Neuland gepflügt» und nicht «unter Dornen gesät»? Ist die «freie Bürgergesinnung» zu einer «verantwortlichen Macht» geworden, und lebt unsere Demokratie aus dem Ehrenamt? Wie würde Heuss die Verfassung unserer Demokratie und die Bemühungen um ihre Akzeptanz heute beurteilen? Ich denke, dass er anerkennen würde, dass es sowohl erfreuliche Fortschritte bei

Bemühungen um politische Bildung als auch hinsichtlich gelebter und praktizierter demokratischer Gesinnung gibt. Auch ist es gut, dass das freiwillige Engagement von Bürgern erfreulich zugenommen hat und das Bewusstsein gewachsen ist, dass es nicht allein die politischen Parteien und Bürokratien sind, die unsere Demokratie ausmachen und «beherrschen». All dies sind Aktiva in unserer Demokratie-Bilanz: Immer mehr Bürgerinnen und Bürger sind bereit, «Neuland» zu entdecken und zu pflügen.

Das aber ist nur der erste Teil des biblischen Auftrags, wie er im Buch Jeremia überliefert ist: Die entscheidende Bewährung liegt in der Erfüllung der Auflage, nicht unter die Dornen zu säen. Und hier ist die Bilanz alles in allem noch wenig befriedigend. Denn, wenn wir im Heuss'schen Sinne danach fragen, ob es gelungen ist, unsere Verfassung «im Bewusstsein und in der Freude des Volkes» so fest zu verwurzeln, dass auch ernstere Krisen und Belastungsproben durchgestanden werden können, dann vermag ich diese Frage nicht uneingeschränkt mit «Ja» zu beantworten. Wenn ich die zahlreichen Defizite, Skandale und Fehlentwicklungen im Erscheinungsbild unserer Demokratie bedenke, die ihr Ansehen und ihre Akzeptanz merklich beeinträchtigen, dann wächst die Besorgnis um ihre Zukunft.

Wenn wir das Heuss'sche Verfassungs- und Demokratieverständnis als Vermächtnis und Auftrag verstehen wollen, dann bleibt auf beiden Feldern unserer Demokratie – der Staatsform und der Lebensform – viel zu jäten, zu pflügen und neu zu säen.

VI.

Das gilt auch für den dritten der anfangs genannten Schwerpunkte, für das Prinzip Verantwortung als Bedingung für Begründung und Entfaltung des Postulats der

Freiheit. Diese Bedingung einer wechselseitigen «Verzahnung» zwischen Freiheit und Verantwortung war für Theodor Heuss zeit seines Lebens – und verstärkt nach der Annullierung des Verantwortungsgebots während der Nazizeit – so etwas wie eine conditio sine qua non seiner demokratischen Überzeugungen.

Solche exemplarischen Erfahrungen – und nicht nur die Eigenen – haben Theodor Heuss in der Nach-Hitler-Zeit sehr beschäftigt. Er war sich bewusst, dass wir Deutschen während der Nazi-Zeit nicht nur von der Freiheit, sondern auch von der persönlichen und moralischen Verantwortung für unser Tun und Lassen entwöhnt worden waren, und dass es nun darauf ankam, die Bereitschaft zur Verantwortung wiederzuentdecken. Dies war für ihn die Bedingung für die Begründung der äußeren und inneren Freiheit unserer Demokratie und für eine humane Gesellschaft.

Hierzu hat Heuss in den zehn Jahren seiner Bundespräsidentschaft in Wort und Schrift ungezählte Initiativen ergriffen und Ansätze geschaffen. Dabei hat er immer zwischen «äußerer» und «innerer» Freiheit unterschieden und Letztere, sozusagen als Verantwortungs-Instanz, höher bewertet. Ich zitiere: *«Die äußere Freiheit der Vielen lebt aus der inneren Freiheit des Einzelnen»*, und aus seinen letzten Lebenstagen die sehr persönliche Bilanz: *«Ich bin froh darüber, dass ich mich – wie die freundlich plätschernden Gewässer meiner Kindheit – nie habe regulieren lassen und dass ich mir auch im Wechsel der Sachlagen und Aufgaben meine innere Freiheit nie habe rauben lassen.»* Sie ist *«das köstlichste Gut, das Gott dem Menschen als Möglichkeit geschenkt hat und die als Aufgabe zu begreifen seine Würde bestimmt»*.

Innere Freiheit als Instanz für die Wahrnehmung gewissenhafter Verantwortung lässt sich – im Gegensatz zu äußeren Freiheitsrechten – weder durch Programme postulieren, noch durch Gesetze garantieren. Sie lässt sich aber auch nicht einschränken. Sie ist eine «Möglichkeit», die zu erfahren und nutzbar zu machen «die Würde des einzelnen Menschen bestimmt». Und damit wird sie auch ein konstitutives Element für eine politische Kultur, die diesen Namen verdient. Auch diese Erkenntnis verdanken wir Theodor Heuss.

Heute ist zu fragen, wie wir es im Überfluss und in der Beliebigkeit unserer Freiheiten mit dem Prinzip Verantwortung halten. Verantwortung wird zwar oft beschworen, die wenigsten Menschen sind sich aber ihrer ganzen Tragweite bewusst. Die Regel ist doch eher, Verantwortung abzuschieben, wenn sie unbequem wird, Verantwortung nicht zu erkennen, wenn ihre Wahrnehmung Mut und/oder Anstrengungen erfordert, Verantwortung zu verneinen, wenn wir ein schlechtes Gewissen haben und/oder bewusst wegsehen.

So verstanden hat das eher persönlich auszuübende «Prinzip Verantwortung» im politischen «Prinzip der Freiheit» auch eine öffentliche Dimension, und die zu kultivieren und zu mehren sah Heuss als Aufgabe, im Kleinen und im Großen.

Hierzu wollte ich diesen Beitrag leisten. Ich widme ihn in Dankbarkeit und Hochachtung Bischof Wolfgang Huber, der sich um die Festigung unseres freiheitlichen Gemeinwesens und die Vermittlung ihrer Werte in christlicher Verantwortung und im Sinne des Wirkens von Theodor Heuss große Verdienste erworben hat.

2 Kanzelrede über politische Träume, Besorgnisse, Bündnisse und Zuversicht

(Erlöser-Kirche, München, 26. März 2000)

I.

In einer bekannten Wochenzeitung läuft seit einiger Zeit eine Serie mit dem Titel: «*Ich habe einen Traum*». Prominente erzählen von ihren Sehnsüchten, Hoffnungen, Enttäuschungen, Freuden und Ängsten. Zumeist sind es eher Tag- als Nachtträume, gelegentlich Wunsch-, Angst- oder Alpträume. Manchmal wird auch geflunkert. Dennoch: Hinter Träumen, die man sich öffentlich erzählt, lassen sich die eigene – sonst sorgfältig gehütete – personale Identität und Befindlichkeiten ungeschützter offenbaren – können Botschaften unmittelbarer überbracht werden, denn: es ist ja «nur» ein Traum …

«Nur» ein Traum?

Was wäre unser Leben ohne Träume – gleich ob Tag- oder Nachtträume? – Wäre es nicht ärmer?

Wagen wir es also, uns auf Tag- und Wunschträume einzulassen. Ich möchte mit über die Verfassung unserer Demokratie und ihre Gefährdungen nachdenken und über die Verantwortlichkeiten, die wir – Politiker und Bürger gleichermaßen – dafür haben, und darüber, ob und wie wir sie wirksamer als bisher wahrnehmen könnten. – Träumen wir also für eine kleine Weile von einer Demokratie und von Demokraten, die die Kraft zur Besinnung und Veränderung zum Besseren aufbringen.

Meine Träume – drei an der Zahl –, die sich rund um die Realitäten ranken, wollen Ermutigungsbotschaften sein, Anstöße geben, vielleicht anstößig sein. Ich möchte sie nämlich Begriffen zuordnen, von denen wir alle – ob Christen oder Andersgläubige – schon mehr als einmal gehört haben. Sie stehen im Ersten Korinther-Brief im 13. Kapitel und lauten: *«Nun aber bleiben Glaube, Hoffnung, Liebe, diese drei – die Liebe aber ist die größte unter ihnen.»*

Ich empfinde diese drei Begriffe als eine wunderbare Anleitung – nicht nur zum Christsein, sondern auch zum Bürgersein und als Wegweiser für das Gedeihen unseres weltlichen «bonum commune». Sie lauten: Wir benötigen Grundüberzeugungen, die uns gemeinsam sind, Zuversicht, die uns weiterträgt, und zwischenmenschliche Zuwendung, die Solidarität (Nächstenliebe) ermöglicht.

Diese drei Code-Worte bedingen sich – wie die biblischen Postulate – auch im weltlichen Kontext nicht nur für sich, sondern auch wechselseitig und vermögen unserem Leben und Zusammenleben Orientierung und Anhaltspunkte zu geben.

Sind uns solcherlei Profanierungen erlaubt? Ich gestehe, dass mich Dietrich Bonhoeffers Visionen von der Glaubenserfahrung und Glaubensbewährung in einer mündig gewordenen, jedoch weiter in Unvollkommenheit und Sündhaftigkeit verstrickten Welt – im Laufe meines langen Lebens – mehr als einmal ermutigt haben. Ich zitiere aus einem Brief aus dem Gefängnis an «einen Freund» (Eberhard Bethge, seinen in diesen Tagen verstorbenen Biographen):

> *«Ich will darauf hinaus, dass man Gott nicht an irgendeiner Stelle unserer säkularisierten Welt hineinschmuggelt, sondern dass man die Mündigkeit der Welt und der Menschen einfach anerkennt, dass man den Menschen in seiner Weltlichkeit nicht ‹madig› macht, sondern an seiner stärksten Stelle mit Gott konfrontiert ...»*

In diesem Sinne möchte ich versuchen darzustellen, dass wir auch in einer «mündig gewordenen Welt» Überzeugungen brauchen, die möglichst vielen Bürgern gemeinsam sind. Davon handelt mein erster Traum. Von der Überzeugung, dass unsere demokratische, freiheitliche und rechtsstaatliche Ordnung die einzig richtige Staats- und Lebensform mündiger Menschen ist, und dass wir sie deshalb zur eigenen Sache machen müssen. Wir sollten aber auch wissen, dass sie immer auch erneuerungsbedürftig ist und deshalb erneuerungsfähig sein und bleiben muss. Mein Traum handelt von den Möglichkeiten, diese Überzeugungen in verantwortliches Handeln umzusetzen.

Mein zweiter Traum handelt von der Zuversicht, dass dies gelingen kann und in Ansätzen auch gelungen ist, weil wir uns im Verlauf der letzten Jahrzehnte unserer weiterwirkenden geschichtlichen Verantwortung für die Irrtümer unserer Geschichte, ihre Ursachen und unentrinnbaren Konsequenzen bewusst geworden und darüber zu der Einsicht gelangt sind, diese weiterwirkende Verantwortung auch an nachfolgende Generationen weiterzutragen.

Der dritte Traum handelt von der Zuwendung untereinander und füreinander und von zwischenmenschlicher «compassion», das heißt von mitfühlender und mitdenkender Zuwendung, hier exemplarisch durchbuchstabiert und angewandt auf unsere Verantwortung für nachwachsende Generationen.

II. Erster Traum

Mein erster Traum, der von gemeinsamen demokratischen Grundüberzeugungen handelt, gründet sich auf die Angebote und Zusagen unseres Grundgesetzes, das drei Jahre nach dem Zusammenbruch der NS-Diktatur geschaffen und am 8.Mai 1949 beschlossen wurde. Wichtig ist, dass wir uns immer wieder bewusst sind, dass sie die beste Verfassung ist, die wir Deutschen je hatten, und dass wir deshalb nicht nur stolz auf sie sein können, sondern sie auch wie unseren Augapfel hüten müssen!

Theodor Heuss, der Vater unseres Grundgesetzes und unser erster Bundespräsident, hat diese Bedingung nach seiner Wahl im September 1949 so formuliert: *«Wenn unsere Verfassung nicht im Bewusstsein und in der Freude des Volkes lebendig ist, dann bleibt sie eine Machtgeschichte von Parteienkämpfen, die wohl nötig sind, aber nicht ihren Sinn erfüllen!»*

Im Bewusstsein und in der Freude des Volkes ... wie ist es darum bestellt?

Vier Jahrzehnte später konstatierte der damalige Bundespräsident Richard von Weizsäcker anlässlich des 40. Geburtstages des Grundgesetzes im Mai 1989 erste Besorgnisse: *«Ja, wir haben eine gute Verfassung ... sind wir aber auch in guter Verfassung?»* – Schon damals – es war kurz vor dem Fall der Mauer – beunruhigte ihn die wachsende Diskrepanz zwischen den Geboten der Verfassung und der gelebten und erlebten Verfassungswirklichkeit.

Seither ist diese Diskrepanz nicht kleiner, sondern eher größer geworden, desgleichen die Distanz zwischen Wählern und Gewählten. Anlässlich der 50. Wiederkehr der Gründung der Bundesrepublik 1999 stellten der amtierende Bundespräsident und seine drei Vorgänger in einer *Gemeinsamen Erklärung* deshalb die nicht nur rhetorisch gemeinte Frage:

«Sind sich unsere Parteien ... ihrer Mitverantwortung für die Entfaltung demokratischer Lebensformen ausreichend bewusst, und geben sie selber genügend glaubwürdige Beispiele für ihre eigene Lernfähigkeit und Erneuerungsbereitschaft?»

An mahnenden Zwischenrufen aus berufenen Mündern hat es also nicht gefehlt. Sie haben jedoch wenig gefruchtet: Denn heute, kaum ein Jahr später, stecken wir neuerlich mitten in einer handfesten politischen Krise, eine Krise unserer Parteiendemokratie.

Seit ihren Anfängen hat sich unsere Demokratie in ihrer Außenansicht erfreulich gefestigt, in ihrer Innenansicht hat sie sich jedoch trotz aller Warnungen zu einem im Grundgesetz nicht konzipierten Parteienstaat (fehl-)entwickelt. Das lässt sich kaum bestreiten. Zu einem Parteienstaat, der wiederholt von Skandalen und Krisen erschüttert wurde, bisher aber nicht existenziell gefährdet war. Wenn dies auch viele Politiker immer wieder beruhigt – immer mehr Bürgerinnen und Bürger sind darüber irritiert, verärgert und verdrossen, und zwar dieses Mal mehr denn je.

In der jüngsten, noch lange nicht ausgestandenen Krise geht es allerdings nicht allein um Parteispenden, schwarze Kassen, dubiose Auslandskonten und angebliche Vermächtnisse von Juden der einen großen Volkspartei, oder um den «roten Filz» und Gratis-Flüge spendiert von einer Landesbank der anderen, oder um zahlreiche Amigoaffären allüberall. Diesmal lässt sich bei genauerem Hinsehen erkennen, dass die tieferen Ursachen aller Skandale und Affairen im Auseinanderdriften von wichtigen Verfassungsgeboten und der Verfassungswirklichkeit auszumachen sind. Dies beschädigt die Funktionsfähigkeit der repräsentativen Demokratie als Ganzes und gefährdet sie zusehends.

Im Auseinanderdriften zwischen Verfassungsnormen und ihrem Vollzug liegen die Ursachen für die gravierenden Kreislaufstörungen, die ihrerseits unkontrollierten Machtzuwachs und -missbrauch, Parteibuchwirtschaft, Gesetzes- und Verfassungsverstöße und zu schlechter Letzt Skandale zur Folge haben. Und weil allfällige Sanktionen zu lax sind, um das Übel wirklich an den Wurzeln zu packen, lassen sich Skandale aussitzen beziehungsweise mit marginalen Korrekturen erledigen. Ihre Ursachen schwelen jedoch weiter.

Deshalb also tut nicht nur «Aufklärung» Not, sondern

umfassende Aufarbeitung. Dafür reichen keine beliebig-unverbindlichen Entschuldigungen, vielmehr sind dafür tätige Reue und Umkehr in Form von Anstrengungen zur demokratischen Erneuerung notwendig, und zwar sowohl im konstitutionellen Rahmen der repräsentativen Demokratie als auch in ihren Bezügen zur demokratischen Teilhabe der Bürgerinnen und Bürger.

Unsere Demokratie ist nämlich mehr als die Bandbreite ihrer politischen Parteien, die wohl unverzichtbar sind, aber eben nur ein «pars», zu deutsch ein «Teil» des Ganzen. Und dieses Ganze müssen wir wiederentdecken. Wie das gelingen kann, darum kreist mein erster Traum.

Ein «Teil» also, und deshalb dürfen wir den Parteien auch die Diskussion über allfällige Erneuerungsprozesse nicht allein überlassen.

Was Not tut, ist eine umfassende Diskussion, mit dem Ziel, den ausgeuferten Parteienstaat wieder in die vorgesehene Verfassungsordnung der «Mitwirkung» einzugrenzen und den Kreislauf der repräsentativen Demokratie durch Ausformung des Artikels 20 («Alle Staatsgewalt geht vom Volke aus») wieder ins Lot zu bringen.

Hierfür brauchen wir eine parteien- und ideologienübergreifende Demokratiepolitik.

Ich träume sogar von einem Bündnis zur Erneuerung unserer Demokratie an Haupt und Gliedern, das heißt sowohl als Staats- als auch als Lebensform. –

Wohlgemerkt also kein anti-Parteien-, sondern ein pro-Demokratie-Bündnis, das mehr und etwas anderes ist als nur ein «Zweckbündnis», sondern zuerst und vor allem ein Überzeugungs- und Identitätsbündnis.

Erstes Gebot für dieses Bündnis: Es muss seine Zielsetzungen strikt an den genannten Normen des Grundgesetzes orientieren. Zu diesem Ziele muss die Übermacht der Parteien auf ihre im Grundgesetz gebotene «Mitwirkung bei der politischen Willensbildung» begrenzt und der Kreislauf der repräsentativen Demokratie neu belebt werden, zum Beispiel durch ein stärker personalisiertes Wahlrecht, eine offene Kandidaten-Nominierung und durch eine drastische zeitliche Verkürzung von Wahlkämpfen und die strikte Begrenzung ihrer Kosten. Unabdingbar ist ferner, dass jegliche finanzielle Selbstbewilligung von Parteigeldern abgeschafft wird.

Nicht zu vergessen: Das Insistieren auf innerparlamentarische Reformen, auf offene ungegängelte Debatten, die die Verantwortung des Abgeordneten als «Vertreter des ganzen Volkes» stärken und seine Gewissensfreiheit garantieren.

Der zweite Teil meines ersten Traumes handelt von der Aufgabe, unsere, dem Volke entfremdete, repräsentative Demokratie durch eine aktive und verantwortungsbereite Bürgerdemokratie zu fundieren und neu zu legitimieren. Es reicht nämlich nicht aus, verdrossene Bürger «als Wähler zurückzugewinnen», vielmehr muss es darum gehen, sie als verantwortungsbereite Bürger so aufzuwerten und zu stärken, dass sie sich mit der Staatsform Demokratie identifizieren, dass sie bereit sind, sie mitzugestalten und mitzutragen und damit dazu beitragen, sie lebensfähig und lebenswert zu erhalten.

Es kommt also auf beides an: Einmal die Auswüchse der Parteiendemokratie einzugrenzen und zum anderen zuerst und vor allem die eigentlichen Ursachen der rasant wachsenden Verdrossenheits- und Zuschauermentalität von immer mehr Ost- und Westdeutschen zu bekämpfen und damit ein weiteres Abdriften der demokratiepolitisch aktiven Teile der Bürgergesellschaft aufzuhalten. Erster Schritt zu diesem Ziele: Bürgerinnen und Bürger müssen von Anfang an den überfälligen Erneuerungsprozessen beteiligt werden und daran mitwirken können. Dazu gehören dann auch neue Mitwirkungs-, Mitbestimmungs- und Kontrollrechte von Bürgern auf allen parlamentarischen Ebenen, beginnend mit einer Aufwertung des Petitionsrechtes und von Anhörungsrechten zu echten Bürgerrechten, bis zur schrittweisen Einführung von Volksbegehren und Volksentscheiden.

Schließlich träume ich von einem bescheidenen finanziellen Lastenausgleich zwischen Parteien und aktivem Bürgerengagement, das ja fast ausschließlich vom Ehrenamt und von Spenden lebt. Im Vergleich zu politischen Parteien sind Bürgerinitiativen bitterarme Schlucker. In ihnen engagieren sich mindestens zehnmal so viel Frauen und Männer (mehr als 30 Prozent) als in politischen Parteien (3,4 Prozent).

Deshalb plädiere ich dafür, dass alle Bußgelder der Parteien für gefälschte oder unvollständige Rechenschaftsberichte an Projekte des Bürgerengagements gehen, und außerdem plädiere ich für eine Art «Demokratiepfennig» – das heißt, dass mindestens 10 Prozent der staatlichen Parteienfinanzierung von insgesamt etwa zwei Milliarden DM in einer Legislaturperiode zum gleichen Zweck über eine Demokratiestiftung für nutzbringendes Bürgerengagement zur Verfügung gestellt werden.

Das heißt also: Aufgewacht, aufgepasst, vielleicht sogar mitgemacht!

III. Zweiter Traum

Unsere Demokratie bedarf aber nicht nur der gemeinsamen Grundüberzeugungen, sie bedarf auch der Zuversicht, dass es gelingt, sie uns zueigen zu machen. Dazu gehört die Einsicht, dass wir aus den verhängnisvollen Irrtümern, politischem und moralischem Versagen auf Dauer gelernt haben und ihre «Erblasten» weder vergessen noch verdrängen oder gar leugnen. Das war und ist in der 51-jährigen Geschichte der Nach-Hitler-Zeit ein langwieriger, zeitweise quälender Prozess, hinter dem immer auch die Suche nach unserer individuellen und kollektiven Identität als Deutsche stand (und steht).

Wir haben es uns damit nicht leicht gemacht. Wir haben schmerzliche Kontroversen erlebt und durchgestanden. Ich erinnere zum Beispiel an das selbst unter Protestanten umstrittene Schuldbekenntnis der Evangelischen Kirche im Herbst 1946, an die Jahre des Bestreitens und Beschweigens jeglicher Mitschuld, an die bis in die 60er Jahre versäumten Prozesse gegen NS-Massenmörder, KZ-Bewacher und unverbesserliche Nazigrößen, an die über ein Jahrzehnt andauernde Kontroverse über die Verjährung von Mord bei NS-Verbrechen, an den vehementen Historikerstreit und die verunglückte Jenninger-Rede, an die nicht enden wollende Auseinandersetzung für oder gegen das Holocaust-Mahnmal und an die Walser/Bubis-Debatte, an der letzterer zerbrach. Zur Zeit erleben wir – seitens Teilen einer wenig zahlungswilligen Wirtschaft – die sich weit über Gebühr hinziehenden Verhandlungen und Feilschereien über die 50 Jahre versäumten Entschädigungen für Millionen von Zwangs- und Sklavenarbeitern. – Und wir erleben immer wieder Wellen eines alt-neuen Antisemitismus, des Rassismus, des Fremdenhasses … alles keine Ruhmesblätter auf dem steinigen Wege zur Aufarbeitung, Einsicht und des Begreifens. Hierfür mussten über weite Strecken und immer wieder quälende Lernprozesse durchlaufen, gegen die «Schlussstrich-Apologeten» standgehalten und eigene Überzeugungen gefestigt werden.

Trotz mancher Rückschläge und Ärgernisse: Ich bin zuversichtlich, dass diese Lernprozesse nicht vergebens waren, dass sie uns sogar weitergebracht haben. Denn auch das hat es von allem Anfang gegeben und gibt es bis heute: Christlich-Jüdische Zusammenarbeit. Es gibt das 40-jährige Engagement der Aktion Sühnezeichen, Aktionen von Schulen, Jugendgruppen, Volkshochschulen und Universitäten und ungezählten Einzelnen, die sich konkret und unermüdlich für Verständigung und Aussöhnung, für Aufklärung und gegen neuen Antisemitismus, Rassismus, gewalttätigen Ausländerhass auch im eigenen Umfeld einsetzen. Es gibt eine kaum noch überschaubare wissenschaftliche und politische Aufarbeitungsliteratur. Es gibt hervorragende und verdienstvolle Filme und Fernsehserien. Alles in allem: Der eigentlich von Anbeginn der Nach-Hitlerzeit bis heute immer wieder geforderte «Schlussstrich» und die menschlich-allzumenschliche Bereitschaft zum Vergessen, Verdrängen und Verschweigen haben nicht die Oberhand gewonnen.

Erinnerungsarbeit ist hierfür unverzichtbar!

Wir dürfen sie auch bei Gegenwarts- und Zukunftsausgaben nicht außer Acht lassen.

«Erinnern heißt», sagte anlässlich der 40. Wiederkehr des Endes des Zweiten Weltkrieges am 8. Mai 1985 der damalige Bundespräsident Richard von Weizsäcker, *«erinnern heißt, eines Geschehens so ehrlich und rein zu gedenken, dass es zu einem Teil des eigenen Innern wird. Deshalb müssen wir verstehen, dass es Versöhnung ohne Erinnerung gar nicht geben kann ... Wir alle, ob schuldig oder nicht, ob alt oder jung, müssen unsere Vergangenheit annehmen. Wir alle sind von ihren Folgen betroffen und für sie in Haftung genommen ...»*

Erinnerungsarbeit kann auf vielerlei Weise geleistet werden: Durch wissenschaftliche und politische Arbeiten, durch Besichtigungen der Stätten der Verfolgung und Vernichtung, durch Gedenktage, mit denen wir uns immer noch schwer tun. Dank Roman Herzog haben wir nun wenigstens den 27. Januar als Gedenktag an den Holocaust festgeschrieben. Was aber ist mit dem 8. Mai in seiner zweifachen Bedeutung – oder dem 9. November, in dem sich Elend und Glanz unserer Geschichte gleich mehrfach spiegeln. Hier träume ich von weiteren Bemühungen. Am eindringlichsten wirken jedoch Dokumente und Berichte von Zeitzeugen, durch ihre Authentizität.

Jungen Menschen rufe ich zu: Beherzigt die Lehren aus den Irrtümern und dem Versagen Eurer Voreltern! Nicht im Büßergewand – nicht mit der aufgezwungenen «Moralkeule», sondern als weiterwirkendes Memento.

IV. Dritter Traum

Bevor ich von meinem dritten Traum spreche, der mit dem Codewort Zuwendung, von Liebe, Verantwortung und Begleitung für nachwachsende Generationen, möchte ich einige Probleme umreißen, die unser Zusammenleben mit und zwischen den Generationen heute belasten und permanent verändern.

Da ist zunächst die Tatsache, dass wir eines der kinderärmsten Länder der Welt geworden sind. Der Anteil der bis zu 14-jährigen an der Gesamtbevölkerung beträgt heute nur noch 15 Prozent – 1970 waren es noch 22 Prozent. Wenn wir den einschlägigen Zahlen, Untersuchungen und Berichten trauen dürfen, dann stehen wir – trotz mancher materieller Verbesserungen (zum Beispiel im Steuerrecht) in Gefahr, auch eines der am wenigsten kinderfreundlichen zu werden.

Dazu einige Fakten: Nach einem Bericht des Bundesjugendministeriums erleben etwa 80 Prozent aller Jugendlichen Gewalt in der Familie. Rund 1,3 Millionen werden körperlich misshandelt. Das alles bleibt – so heißt es in einer Stellungnahme – nicht ohne Folgen für die Entwicklung der betroffenen Kinder.

Da hierzulande immer mehr Kinder, in so genannten Ein-Elternfamilien, zumeist bei alleinerziehenden Müttern aufwachsen, die überwiegend berufstätig sein müssen, sind die betroffenen Kinder täglich bis zu fünf Stunden ohne Betreuung. Da es in Deutschland auch nicht annähernd genug Angebote für Ganztagsschulen oder äquivalente Angebote gibt, sind ihre Benachteiligungen evident. Es sind nicht nur Beeinträchtigungen des Schulerfolges, sondern Gefährdungen aller Art, wie Verwahrlosung, Drogen, übermäßiger Fernseh- und/oder Videokonsum mit ihrer Überdosis an Sex und Gewalt, es ist der Hang zum Nachahmen oder gar zu Strafdelikten.

Zu den unerfreulichsten Kapiteln zerstörter und gefährdeter Kindheit gehören die Folgen von Kinderarmut, von der es hierzulande mehr gibt, als wir wahrhaben wollen, desgleichen steigt der sexuelle Missbrauch von Kindern.

All dies sind nur Beispiele dafür, wie sehr es in unserer Gesellschaft, aber auch von Staats wegen, an ausreichender Zuwendung für zumeist unterprivilegierte Kinder fehlt. Aber auch viele Kinder und Jugendliche, denen es in materieller Hinsicht kaum an etwas fehlt, sind sehr viel häufiger «auffällig», «verhaltensgestört», «aggressiv» bis gewalttätig und/oder in ihrer Entwicklung gefährdet. Auch sie erfahren oft nicht genug Aufmerksamkeit und Zuwendung von ihren Eltern, auch ihnen fehlt es häufig an schützender Begleitung.

Oft ertönt der Hilferuf nach den Schulen. Aber selbst wenn sie die erforderlichen Hilfsmöglichkeiten hätten, tun sich Lehrer ja schon im eigentlichen Lehrberuf schwer genug. Die Erfolglosigkeit, ihren Bildungs- und Erziehungsauftrag im 45-Minuten-Takt zu erfüllen, treibt sie oft frühzeitig in Krankheit und Resignation.

Alles in allem ist die Lage also alles andere als befriedigend. Ist sie aber auch hoffnungslos? Ganz gewiss nicht, wenn einige überfällige Maßnahmen realisiert würden; dazu gehören nicht nur mehr Hilfen und Angebote, sondern auch Initiativen gegen Gewalt in der Familie. Was wir unseren Kindern wohl am meisten schuldig bleiben, ist neben dem Vorbild in Familie und Gesellschaft das aufrichtige Gefühl des Angenommenseins.

Bisher habe ich nur über Probleme und Zuwendungsdefizite bei unseren Kindern im eigenen Land gesprochen, nicht aber das Schicksal der in aller Welt in bitterster Armut aufwachsenden, hungernden, Notleidenden, zur schwerer Arbeit und Prostitution gezwungenen Kinder. Da gibt es zwar eine Kinderrechtskonvention der UN, die gut gemeint sein mag, aber sie bewirkt wohl kaum mehr als einen Tropfen auf viele heiße Steine, wenn man nicht gleichzeitig die Kinderhilfsorganisation UNICEF zur Exekutive ausbaut. Auch andere, meist privat organisierte Hilfsorganisationen leisten im Rahmen ihrer Möglichkeiten hervorragende Hilfe – stellvertretend für andere nenne ich nur die in München ansässige «Children for a better world». Diese und andere sind ganz sicher verdienstvolle Lichtblicke, noch aber sehe ich kein Licht am Ende des Tunnels für Kinder in einer Kinder vernachlässigenden und missbrauchenden Welt.

Deshalb also ist mein Traum von einer kinderzugeneigten und -zugewandten Welt von vielen Albträumen überschattet. Dennoch, dies ist die eigentliche Botschaft meiner Kanzelrede: Auch hier dürfen wir nicht wegsehen und die Aufgaben allein dem Staat und der Politik überlassen!

V.

Zu Beginn des 20. Jahrhunderts hatte die schwedische Pädagogin Ellen Key die Vision von einem «Jahrhundert des Kindes». Es ist wohl kaum eines geworden. Allein wegen unzähliger Kriege mit Flucht und Heimatlosigkeit im Gefolge, aber auch wegen der veränderten Familienstrukturen, Lebensplanung und Aufwachsbedingungen – die Kinder hat es immer zuerst getroffen. So stellt sich die Frage, was wir in dem neu angebrochenen Jahrhundert für die nun aufwachsende Generation besser machen können. In meinen Träumen könnte ich mir zum Beispiel vorstellen, dass es eine bessere Koordinierung und Kooperation aller für Jugendfragen Verantwortlichen und daran Beteiligten geben müsste. Runde Tische, die in Städten und Gemeinden, auf Länder- und Bundesebene und darüber hinaus in Europa und in der Zweiten und Dritten Welt errichtet werden, könnten dazu beitragen, dass Kinderrechte besser geschützt und Kindergefährdungen früher erkannt und bekämpft werden können.

VI.

Ich habe anfangs von drei Bedingungen unseres Lebens und Zusammenlebens gesprochen, nach denen wir trachten sollten und müssten. Ich habe sie aus der Botschaft des Korinther-Briefes in drei weltliche Code-Wörter übertragen. Abschließend möchte ich sie wieder rückübertragen und mit Worten Dietrich Bonhoeffers zusammenfassen:

«Die tausendmal betrogene Menschheit braucht Glauben …,
die wunde und leidende Menschheit braucht Hoffnung …,
und die in Zwietracht und Misstrauen zerfallene Menschheit braucht Liebe.»

3 Demokratie lernen, erproben und erleben

Anmerkungen und Überlegungen zum Förderprogramm «Demokratisch Handeln»

(Referat auf der Kultusminister-Konferenz
in Bremen am 5. Oktober 2000)

I.

Zur Genesis:

Das *Förderprogramm Demokratisch Handeln* wurde bereits Ende der 80er Jahre von der parteiübergreifenden «Theodor-Heuss-Stiftung zur Förderung der politischen Bildung und Kultur in Deutschland und Europa», die nach dem Tode des ersten Bundespräsidenten 1964 gegründet wurde, gemeinsam mit der «Akademie für Bildungsreform» (damals noch in Tübingen) und deren Vorsitzenden Professor Andreas Flitner als ein «Wettbewerb» für alle Schularten und Altersgruppen geplant und bis heute (überwiegend) vom Bundesministerium für Bildung und Forschung finanziert sowie – damals quasi als Starthilfe – von der Robert-Bosch-Stiftung gesponsert. 1990 fand die erste Ausschreibung statt, an der sich 52 Teilnehmergruppen (darunter elf aus den damals wirklich noch neuen Bundesländern) beteiligten und von denen 26 zur ersten «Lernstatt Demokratie» nach Bonn – damals noch Bundeshauptstadt – eingeladen wurden.

Bereits damals haben wir alle Kultusminister über unser Vorhaben informiert und um Gespräche und Unterstützung gebeten, später auch die Kultusministerkonferenz (KMK).

Das gelang nur schritt- und länderweise. Nun aber – nach zehn Jahren Erfolg versprechender Bemühungen und Erfahrungen – hoffen wir zuversichtlich, dass es mit Ihrer Hilfe und mit Blick auf die uns alle besorgenden innergesellschaftlichen Entwicklungen gelingt, dass aus vielen kleinen Schritten schließlich ein großer gemeinsamer Schritt wird. Unser gemeinsames Ziel sollte es sein, das zukunftsrelevante Lernziel, Demokratie lernen, Demokratie erproben und erleben, in unseren Schulen verstärkt zu fördern und weiterzuentwickeln. Und das von «Kindesbeinen» an.

Zurück zu den Anfängen:
Bereits 1992 wurden die Geschäftsstelle und damit der Mittelpunkt des Förderprogramms nicht nur geografisch, sondern auch konzeptionell von Tübingen nach Jena verlegt, wo es seither organisatorisch, schulpolitisch und wissenschaftlich unter der Leitung des Flitner-Schülers Professor Peter Fauser steht. Die Kooperation mit der Theodor-Heuss-Stiftung, in deren Kuratorium Herr Professor Flitner und zu unserer Freude seit einigen Jahren auch Kultusministerin Schavan aktive Mitglieder sind, hat sich als sehr fruchtbar erwiesen.

Wir fühlen uns dem Heuss'schen Demokratieverständnis verpflichtet, dass Demokratie nicht nur eine Staatsform ist, sondern vor allem eine Lebensform, die gelernt, gelebt und erlebt werden muss, und wir verstehen uns in diesem Sinne als Initiator und Promotor des Förderwettbewerbs. Ich bin gleichberechtigte Vorsitzende unseres eingetragenen Vereins.

Von allem Anfang an haben wir uns als ein föderal aufgebautes gesamtdeutsches Programm verstanden. Die Verlegung des Sitzes der Geschäftsstelle nach Jena, erwies sich als Glücksfall, denn das Land Thüringen und sein Ministerpräsident erklärten sich schon frühzeitig bereit, für unser Projekt auch offiziell als «Sitzland» zu fungieren und uns durch seinen Kultusminister und Staatssekretär nach Kräften mit Rat und Tat zu unterstützen.

Zum Beweis hier einige Fakten und Zahlen:

An der ersten Ausschreibung hatten sich – wie erwähnt – 52 Bewerber, darunter 21 Prozent aus den Ostländern beteiligt. Im Jahr 2000 waren es 199, also fast viermal so viel, darunter 77 (fast 39 Prozent) aus den Ostländern, von denen 62 (38 West und 24 Ost) ausgezeichnet wurden. Im Vergleich mit den Schüleranteilen West-Ost insgesamt (79 zu 21 Prozent) bedeutet das eine deutlich höhere Beteiligung von Teilnehmern aus Ostländern.

Insgesamt beteiligten sich in den zehn Jahren etwa 1500 Projekte mit rund 10 000 Schülern und Schülerinnen, aus allen Schulgattungen und Altersstufen von der Grundschule bis zur Abiturientenklasse, unter denen rund 500 Projekte zur Teilnahme an der dreitägigen «Lernstatt Demokratie» eingeladen worden sind, mit der alljährlich die Ausschreibung abgeschlossen wird (in Leipzig, zweimal Jena, Ludwigsfeld bei Potsdam, Bremen, Soest, Berlin, Offenburg und Nürnberg, 2001 in Aachen). Bewusst gibt es keine «Sieger». Alle ausgewählten Teilnehmer werden ausgezeichnet und berichten von ihren Projekten im Rahmen einer Ausstellung, diskutieren untereinander und mit Politikern, arbeiten in Workshops und werden zum Abschluss als Gruppe mit einer «Urkunde» ausgezeichnet. Stolz und Freude, aber auch Einsicht, Ermutigung und neue Motivation werden in den Schulalltag zurückgebracht und wirken ansteckend. Neue Kontakte – oft über Schul- und Landesgrenzen hinweg – werden geknüpft. Netzwerke entstehen. Alle Projekte werden dokumentiert, wissenschaftlich und schulpolitisch ausgewertet und nicht zuletzt in vielen Schulen fortgesetzt.

Heute, nach zehn Jahren, dürfen wir, ich denke fern aller Selbstüberschätzung, resümieren, dass sich in diesem Zeitraum nicht nur die Quantität der Bewerber, sondern vor allem die Qualität der Projekte, die überzeugte Beteiligung von Lehrern und Schülern und das Engagement insgesamt deutlich verbessert haben. Wir können von einem lebendig wachsenden «Netzwerk» sprechen.

II.

Nun möchte ich über die Themenauswahl und ihre Häufigkeit einen kursorischen Überblick geben:

An erster Stelle steht die Themengruppe, die die eigene Schule als Schulgemeinde, als Ort des Zusammenlebens, eben als «Polis» begreift. Dieser Gruppe sind 716 Projekte zuzuordnen, ein gutes Drittel der gesamten thematischen Zuordnungen.

An zweiter Stelle folgen Projekte, die sich den Themen «Zusammenleben, Asyl, Gewalt, Minderheiten, Krieg/Frieden» zuwenden. Es waren 483, also etwa ein Viertel (24,2 Prozent) der Projekte.

Besonders bemerkenswert ist es, dass die Schulen sich diesen Problemen, besonders dem Problem der Gewalt, nicht erst heute stellen. In unserem Förderprogramm ist dieses Thema vielmehr früh aufgetaucht, und die Projekte zeigen, dass es vielfältige, originelle und erfolgreiche Ansätze gibt, sich damit auseinander zu setzen.

An dritter Stelle folgen Projekte zum Thema «Kommune – lokales Umfeld», dem 194 Beispiele zugeordnet wurden (9,7 Prozent).

An vierter Stelle steht das Thema «Ökologie» mit 188 Nennungen (9,4 Prozent). Projekte zu ökologischen Fragen sind beim Förderprogramm von Anfang an mit gleich bleibender Häufigkeit eingereicht worden.

Die fünfte Stelle nehmen mit 187 Projekten die Aktivitäten ein, die sich mit geschichtlichen Themen befassen (9,4 Prozent). Dabei steht die Auseinandersetzung mit der nationalsozialistischen Vergangenheit Deutschlands und insbesondere einer jugendgemäßen Kultur des Erinnerns und Gedenkens mit 169 Projekten im Mittelpunkt. Diese Projekte sind besonders anrührend und bewegen nicht nur die jungen Menschen, sondern uns alle. Heute besonders aktuell.

Nun noch einige konkrete Einblicke in einzelne Projekte. Einige Beispiele:

- Bremer Jugendliche aus der rechten Szene arbeiten zusammen mit ausländischen Schülern, die zur Gewalt neigen, in einem mehrtägigen theaterpädagogischen Projekt daran, ihre Haltung und ihren Umgang zu verändern. Titel: «Drei gewaltige Tage in Albstedt».
- In einer Sekundarschule in Magdeburg setzen sich Jungen und Mädchen einer Klasse (mit Lehrern und Eltern) dafür ein, dass ein gehörloser Mitschüler in ihrer Klasse bleiben kann. Sie erlernen die Gebärdensprache und entwickeln selbst Hilfen für den Schulalltag ihres Mitschülers («Integration»).
- Hamburger Jugendliche ohne Schulabschluss und Berufsausbildung stellen im Berufsvorbereitungsjahr ein ökologisches Auto-Rückbau-Projekt auf die Beine. Sie entsorgen auf umweltverträgliche Weise etwa 300 Autos. Sie erhalten dafür Anerkennung und gewinnen eine Berufsperspektive.
- In Bückeburg vergegenwärtigen Jugendliche der Herderschule das Engagement des Pastors Mensching, der in der NS-Zeit Menschen vor der Verfolgung durch das Regime bewahrt hat. Archivstudien und Zeitzeugengespräche liefern das Material für eine Veröffentlichung. Sie erreichen, dass die Kommune einen Gedenkstein errichtet und eine Straße nach Pastor Mensching benennt.
- Schülerinnen und Schüler des Esslinger Georgi-Gymnasiums haben auf originelle Weise in einem lange vor-

bereiteten Projekt fächerübergreifend durch Archivrecherchen, selbst verfasste Texte, Bilder, Reportagen und Lesungen das 50-jährige Bestehen unseres Grundgesetzes im Mai 1999 unter großer öffentlicher Resonanz gefeiert. Ähnliche Vorhaben gab es (auf Grund unserer Ausschreibung) in vielen Schulen.

- Eine von Jugendlichen getragene Streitschlichtungsgruppe der Bertha-von-Suttner-Gesamtschule in Dormagen bemüht sich in Diskussionen, Verhandlungen und eigenem Einsatz erfolgreich, Konflikte zu lösen und verbessert damit das Schulklima und das «Wir»-Gefühl erheblich.
- Am Conrad von Soest-Gymnasium in Soest gibt es seit 1985 ein außerunterrichtliches Angebot der Biologie-AG mit verschiedenen Projekten im Themenbereich «Biologie/Ökologie», später auch in «Geschichte», in denen langfristig und intensiv mit Partnerschulen in Polen, Holland, Ungarn, Schweden und Russland zusammengearbeitet wird. Gemeinsam arbeiten die Schüler in naturwissenschaftlichen Projekten wie «Gewässergütemessungen», «Wasser brauchen wir zum Leben», «Lokale Agenda 21» oder geschichtlichen Projekten wie NS-Zeit, Zweiter Weltkrieg und Vertreibung. Die Projektergebnisse sind zwischenzeitlich fester Bestandteil einer «Erziehung zur Verantwortung» an der Soester Schule geworden.

III.

Anmerkungen zur Begründung und Zielsetzung des Förderprogramms «Demokratisch handeln»:

Ich überschreibe sie mit einem Zitat unseres ersten Bundespräsidenten Theodor Heuss, das auch heute noch und heute wieder aktuell ist: *«Demokratie ist keine Glücksversiche-*

rung, sondern das Ergebnis politischer Bildung und demokratischer Gesinnung.»

Beides tut Not: Einmal die Einsicht, dass Demokratie weder vollkommen ist, noch ein für alle Mal gesichert, und zum anderen die Gewissheit, dass sie nur dann Bestand hat, wenn möglichst viele Bürger bereit und in der Lage sind, das Regelwerk unserer freiheitlichen Verfassung zu kennen (politische Bildung) und sich entsprechend zu verhalten und zu handeln (demokratische Gesinnung). Diese Doppel-Aufgabe ist uns gestellt, und diese umso dringlicher, als es Alarmzeichen für ihre Gefährdung gibt, wie zum Beispiel das Anwachsen rechtsextremistischer und neonazistischer Ideologien, kumuliert in rassistischem Hass und menschenverachtender Gewalt. Aber auch die bei Alt und Jung verbreitete Politik(er)verachtung und -verdrossenheit muss uns besorgen.

Diese und andere Symptome sind Warnsignale für Fehlentwicklungen im inneren Gefüge unserer Gesellschaft und der Funktionsfähigkeit unserer repräsentativen (Parteien-) Demokratie. Auf Bürger, vor allem Junge, wirken sie einerseits ansteckend und demotivierend, andererseits aber auch mobilisierend, etwas dagegen zu tun. Bei jungen Menschen ist beides besonders ausgeprägt. Einerseits wächst ihre Distanz zur Politik, zu Parteien und ihren permanenten Machtkämpfen, andererseits wollen sie sich für demokratische Anliegen engagieren, wenn sie ihnen lohnend erscheinen.

Beide divergierenden Einstellungen erleben wir auch bei unseren Bewerbern und Teilnehmern. Oft vermischt sich beides und endet sang- und klanglos in Frust und Resignation. Das klingt dann etwa so: Wir wollten uns ja engagieren, aber wir konnten nichts bewirken und ändern (ähnliche Erfahrungen machen allerdings nicht nur junge Menschen).

Ich denke, dass wir diese Enttäuschungen weder schönreden noch ignorieren dürfen, vielmehr immer von neuem versuchen müssen, in Kooperation mit Lehrern und Schule, mit Politikern aller Ebenen und Parteiungen, das heißt mit Sachverstand und mit Rat und Tat zu helfen, es «dennoch» weiter zu versuchen, dazu zu ermutigen und das geleistete Engagement als solches (auch im Scheitern) anzuerkennen. Darin erkennen wir den entscheidenden inner-, außer- und überschulischen Beitrag und pädagogischen Nutzen unseres in einen Wettbewerb gekleideten Förderprogramms.

Unser Petitum:
Bildung und Erziehung zur Verantwortung in und für unsere Demokratie (inklusive der Erfahrung des Scheiterns), das ist kein Schulfach, sondern ein langwieriger Lern- und Erfahrungsprozess, der sich durch die ganze Schulzeit zieht. Politische Bildung und daraus erwachsende demokratische Gesinnung, das sind Lernziele, die – alters- und interessengemäß – immer wieder neuer Formen und Anstöße in der Schule und aus der Schule heraus und wieder in sie hinein bedürfen.

Das ist es, wozu der Förderwettbewerb und seine Träger beitragen wollen. Ein wenig provozierend, aber nicht überheblich möchte ich hinzufügen: Wenn es ihn nicht schon gäbe, jetzt, angesichts der vorher beschriebenen alarmierenden Entwicklungen, müsste er erfunden werden.

Junge Menschen verstärkt für demokratische Teilhabe zu gewinnen und sie daran teilhaben zu lassen, wenn dieses Signal von Ihrer Bremer KMK ausgehen würde, ich bin überzeugt, es würde gehört, und es käme demokratiepolitisch und bildungspolitisch zur rechten Zeit.

V ERINNERN, VERANTWORTEN, WEITERDENKEN

1 «Zerreißt den Mantel der Gleichgültigkeit»

Zum Umgang nach 1945 mit Widerstand und Verfolgung im Nationalsozialismus. Streifzüge und Stationen durch die Geschichte der Nach-Hitler-Zeit

(Gedenkrede zum 20. Juli 2003, Berlin, St.Matthäus-Kirche, 19. Juli 2003)

Einstimmung:

«Zerreißt den Mantel der Gleichgültigkeit – entscheidet Euch, eh' es zu spät ist»,

so heißt es im fünften Flugblatt der «Weißen Rose», und im vierten Flugblatt wird dieser Appell präzisiert:

«Aus Liebe zu kommenden Generationen muss nach Beendigung des Krieges ein Exempel statuiert werden, dass niemand auch nur die geringste Lust je verspüren sollte, Ähnliches aufs neue zu versuchen.»

Ähnlich Dietrich Bonhoeffer. In einem seiner letzten Briefe aus dem Zuchthaus Tegel im März 1945 heißt es:

«Nur durch die Niederlage können wir Sühne leisten für die furchtbaren Verbrechen, die wir gegen Europa und die Welt begangen haben.»

Etwa zur gleichen Zeit hinterließ der Geowissenschaftler Albrecht Haushofer in einem seiner Moabiter Sonette, das er «Untergang» überschrieben hatte, folgende herausfordernde Bilanz:

«Dass dieses Volk die Siege nicht ertrug –
die Mühlen Gottes haben schnell gemahlen.
Wie furchtbar muss es nun den Rausch bezahlen.
Es war so hart, als es die andern schlug,
so taub für seiner Opfer Todesklagen –
wie mag es nun das Opfer-Sein ertragen …»

Und schließlich möchte ich noch eine weitere Herausforderung zitieren. Sie stammt aus der Feder Georg Ch. Lichtenbergs und beschreibt vor fast genau 200 Jahren die Sisyphusarbeit eines politischen Neuaufbaus wie folgt:

«Eine Republik zu bauen aus den Trümmern einer niedergerissenen Monarchie (resp. Diktatur) ist freilich ein schweres Problem. Es geht nicht, bis dass erst jeder Stein neubehauen ist – und dazu gehört Zeit.»

Diese fünf Botschaften habe ich meinem Gedenkvortrag am Vorabend des 20. Juli 2003 vorangestellt, weil ich sie als eine Art Ansage verstehe für die nun folgenden Streifzüge durch die politische Geschichte der Nach-Hitler-Zeit. Es sind Streifzüge – keine umfassenden Explorationen –, und sie kreisen um die Frage, wie wir es nach 1945 mit dem Vermächtnis des Widerstands und der Erinnerung an die ungezählten Opfer der NS-Tyrannei gehalten haben.

Auf meinen Streifzügen werde ich an sieben Stationen Halt machen, um mich aus eigener Erfahrung und Reflexion zurückzuerinnern, ob uns das «Exempel statuieren» und das «Sühne leisten» gelungen ist, wie wir das «Opfersein» ertragen und ob wir – «aus Liebe zu kommenden Generationen» – die Trümmersteine unserer zusammengebrochenen materiellen und ideellen Existenz Stück für Stück neu behauen haben.

Die meine Streifzüge durchziehende Frage lautet also: Haben wir die Botschaften, die uns die Opfer Hitlerscher Verfolgung hinterlassen haben, aufgenommen? Haben wir sie uns, nicht nur an Gedenktagen, zueigen gemacht? Meine Antworten darauf sind natürlich nicht erschöpfend und können nicht mehr sein als ein vorläufiger Beitrag.

Wer bin ich, die am Vorabend des 20. Juli 2003 solcherlei politisch heiklen Betrachtungen anstellen und, statt von den damaligen Ereignissen, von denen nach 1945 sprechen möchte, berichten von der nun 58 Jahre währenden Nach-Hitler-Zeit und ihrem Umgang mit dem moralisch-politischen Vermächtnis der Opfer dieser grausamen und grauenhaften Diktatur.

Ich möchte dies wagen, obgleich ich weder Historikerin noch Schriftstellerin bin, vielmehr das, was man «ein Kind dieser Zeit» nennt, allerdings ein «gebranntes» Kind, das beide Epochen sehr bewusst erlebt und als «Zeitzeugin» daran teilgehabt hat. Und weil die Zeitzeugen meiner Jahrgänge immer weniger werden, möchte ich hier und heute noch einmal Zeugnis ablegen vom erlebten Geschehen in der Zeit vor und nach 1945.

Erste Station, quasi als Vorspann: Leben in der NS-Zeit

Die zwölf Jahre, die das «Tausendjährige Reich» währte, habe ich (Jahrgang 1921) als junges Mädchen von A bis Z – vom Anfang bis zum Zusammenbruch – miterlebt und miterlitten, ohne in irgendeiner Form Widerstand geleistet zu haben. Mit elf Jahren war ich Waise. Dennoch haben mich die Prägung durch ein liberales Elternhaus und meine christliche Erziehung vor jedweder braunen Versuchung bewahrt. Während des Krieges habe ich zum weiteren Freundeskreis der erst später so genannten «Weißen Rose» gehört und dank eines vorbildlich aufrechten Doktorvaters, der mich vor Gestapo, Verhören, vielleicht Schlimmeren bewahrt hat, äußerlich unbeschädigt überlebt.

In dieser Zeit habe ich alle Schattierungen von Hitler-Deutschen kennengelernt, vom fanatischen und strammen Nazi über den gehorsamen Mitmacher, den feigen Mitläufer, den Mitschreier und stummen Wegseher bis zum vorsichtigen und unerschrockenen Anti-Nazi, den mutigen Bekenner und bis zum Opfertod bereiten Widerständler. Vergessen möchte ich auch nicht die Aufrechten und Anständigen, die Hilfsbereiten und Dissidenten, wie eben meinen Doktorvater, der sich nicht scheute, nach den Nürnberger Gesetzen aus «rassischen Gründen» vom Studium ausgeschlossenen Studenten in seinem Institut einen Studienplatz zu verschaffen, oder jene mitmenschlichen Deutschen, die es wagten, Zwangsarbeitern oder Kriegsgefangenen ein Stück Brot oder eine Zigarette zuzustecken oder Verfolgte zu verstecken. Es ist gut und wichtig, auch von dieser Gruppe anständiger und couragierter Deutscher zu berichten und ihrer zu gedenken.

Ihre Zahl dürfen wir jedoch nicht überschätzen, und es ist uns meines Erachtens nicht erlaubt zu behaupten, es habe in der Nazizeit eine Art «Volksopposition» gegeben, worüber Historiker gelegentlich streiten. Zwar gab es auch keine 100 Prozent «williger Vollstrecker» und keine Kollektivschuld, aber es gab auch keine Kollektiv*un*schuld. Selbst wenn man alle Arten von damals so genannten «Kritikastern» und «Miesmachern» zusammenzählt unter den damals obwaltenden Bedingungen und angesichts der fast bis zuletzt weit überwiegenden Zahl von überzeugten Nazis (nicht zu vergessen das gefürchtete Spitzelsystem), zu keiner Zeit hat es so etwas wie eine wirksame Opposition von unten gegeben, von einem Aufstand der Bürger gegen die braune Schreckensherrschaft ganz zu schweigen.

In diesem Zusammenhang erinnere ich mich noch an einen anderen, weit verbreiteten Typ von «Volksgenossen», die das verkörperten, was die jüdische Schriftstellerin Gerty

Spies (die drei Jahre Theresienstadt erlitten und überlebt hat) als der *«Unschuldigen Schuld»* bezeichnet und wie folgt charakterisiert hat:

«Wo beginnt des Unschuldigen Schuld? Sie beginnt da, wo der gelassen, mit hängenden Schultern daneben steht, den Mantel zuknöpft, die Zigarette anzündet und spricht: ‹Da kann man nichts machen.› Seht, da beginnt der Unschuldigen Schuld.»

Und von solcherart unschuldig Schuldigen gab es viele – viel zu viele. Ich gehörte auch dazu.

Theodor Heuss, unser erster Bundespräsident, hat zu Recht von der Sünde des Wegsehens gesprochen. Diese grassierte allerdings nicht nur in der NS-Zeit, sondern sie grassiert zu jeder Zeit, auch in unseren Tagen. Denken wir nur an das Wegsehen bei gewalttätigen Überfällen, bei rassistischen und fremdenfeindlichen Umtrieben, oder an die alltägliche Gewalt unter Jugendlichen und gegen Kinder. Wir sind allzumal Sünder des Wegsehens! Aber jeder kann etwas dagegen tun – und wenn es jede Woche einmal ist …

Doch noch einmal zurück zur ersten Station: Persönlich habe ich das ganze Elend, die nicht enden wollenden Schikanen, die täglich und nächtlich wachsenden Ängste und den hilflosen Jammer jüdischer Familienangehöriger miterlebt, ihre Drangsalierung und Verschleppung, ihre Flucht oder ihren Freitod. Desgleichen die Bürden, die die in Fabriken in Tag- und Nachtschichten schuftenden, meist zwangsrekrutierten deutschen und ausländischen Frauen zu tragen hatten, die vaterlos und hungrig heranwachsenden Kinder, die Bombennächte und die Schalmeienklänge der Entwarnung, den Luftschutzdienst in öffentlichen Gebäuden mit Eimerketten, Akten herausschleppen und krachenden Balken. Bei all dem florierte bis zum Untergang der unerschütterliche (Irr-)Glaube an den «Endsieg» und die allmächtige Überlegenheit der zur Herrschaft berufenen arischen Rasse, mit der die Verachtung, Ächtung und Ausrottung aller

«Artfremden», Andersartigen und Andersdenkenden gerechtfertigt wurde. («Wollt ihr den totalen Krieg?»)

Nicht zuletzt war es jedoch die totale persönliche Unfreiheit, waren es die Denk-, Rede- und Glaubensverbote, der Tod von Freunden und Kommilitonen auf dem Schafott, die mich in meine persönliche Emanzipation trieben.

Ja, angesichts dieses Erlebens im Vorhof einer Hölle auf Erden reifte mein Vorsatz heran, dass ich, falls ich überleben sollte, dazu beitragen wollte, dass sich so etwas in unserem Land nie wieder – auch nicht in Ansätzen – wiederholen könne, dass die Verursacher dieser Katastrophen zur Rechenschaft gezogen, den Opfern – soweit als möglich – geholfen, ihre Existenz gesichert und ihre Menschenwürde hinfort garantiert werden müssten.

Zweite Station:
Das erste Jahrzehnt der Nach-Hitler-Zeit

Nach Kriegsende, nach Untergang und Befreiung, war ich erst einmal überglücklich und begierig, alles bis dahin Verbotene (Literatur und Kunst, Theater und andere Meinungen) zu genießen. Wie die meisten Deutschen wusste ich von grauenhaften Verbrechen, die im Namen der Deutschen zumeist von Deutschen begangen worden waren, aber wir kannten nicht ihr Ausmaß. Ich ahnte etwas von dem unglaublichen Mut der Widerstandskämpfer, von ihrem aufrechten Gang und ihrer Verantwortungsbereitschaft vor Gott und den Menschen, aber ich kannte kaum Namen und keine Einzelschicksale. Dennoch war mir klar: Dies alles musste, nun da es vorbei war, aufgearbeitet und zur Grundlage einer radikalen Erneuerung weitergedacht und konkretisiert werden. Die finsterste Epoche unserer Geschichte hatte uns ein doppeltes Vermächtnis hinterlassen. Einmal, nachhaltige Konsequenzen aus dem Versagen und unserer Mitschuld zu ziehen, und zum anderen, das Vermächtnis der Opfer zu bewahren und beides nicht zu vergessen oder zu bagatellisieren.

So habe ich mir die Nach-Hitler-Zeit erträumt, und dafür habe ich mich seit jenem 8. Mai 1945, als es endlich so weit war, mit allen Fasern meines Herzens und meines Kopfes eingesetzt. Ich erhoffte die Einsicht aller Deutschen auf Anerkenntnis der Mitschuld, und ich glaubte an die Chance einer politischen und moralischen Katharsis, an eine moralische Leitlinie zur Gründung eines anderen, eines humanen und rechtsstaatlichen Deutschlands und an die geistige Besinnung des Volkes, das sich einst das Volk der Dichter und Denker nennen durfte. – Auch hoffte ich, dass das parteien- und schichtenübergreifende Kooperations-Modell, das uns die Widerstandskämpfer hinterlassen hatten, nun auch im Leben und Zusammenleben unseres Volkes Früchte tragen und zu einer Art «Allianz der Einsichtigen» führen würde, kurz: dass sich das Bibelwort, das Böse durch das Gute zu überwinden, erfüllen würde, oder nüchterner formuliert: das Falsche durch das Richtige.

Meines Erachtens gab es nur einen Ausweg aus den großen und kleinen Teufelskreisen von Verschulden und Versagen – hin zu menschenwürdigen Lösungen: Einsicht üben, Exempel statuieren, Steine neu behauen, Erfahrungen nicht verdrängen, vielmehr an nachwachsende Generationen weitergeben. Und dies alles nicht nur als gut gemeinte Worte an Gedenktagen wie dem heutigen – oder auch an anderen, die mir genau so wichtig sind, wie der 22. Februar 1943, der Hinrichtungstag der ersten drei verurteilten Mitglieder der «Weißen Rose», oder der 9. April 1945, der Hinrichtungstag des christlichen Bekenners Dietrich Bonhoeffer, oder der 8. November 1938 (Judenpogrome) und 1939 (Georg Elser) und im Gefolge aller übrigen Gedenkdaten den 27. Januar 1945, den Tag der Befreiung der wenigen von sechs Millionen überlebenden deutschen und europäischen Juden in Auschwitz. – Nein, noch so aufrichtige Worte und gute Vorsätze würden nicht aus dem Teufelskreis herausführen, solange daraus nicht auch etwas ganz Handfestes für den politischen Alltag entsteht. Ja, so etwa lautete mein ebenso idealistischer wie lapidarer Befreiungscoup, der mir – trotz aller unerbittlichen Realitätserfahrungen – bis heute als Anleitung zur politischen Bewährung gilt.

Damit bin ich bei der ziemlich rauen Wirklichkeit des Neubeginns nach 1945, der verlief nämlich sehr viel schwieriger, wechselvoller und weniger idealistisch, als ich mir das vorgestellt hatte. Zeit- und teilweise verlief er sogar entmutigend. Die meisten Menschen konnten oder wollten nicht bereuen: Man hatte überlebt, nun war man mit dem eigenen Weiterleben vollauf beschäftigt. Das «Opfersein» ertrugen die wenigsten. Die meisten haderten und grollten mit ihrem Schicksal und den Nachkriegszuständen: *«Und das soll Demokratie sein?»* war eine gängige Redewendung, wenn man für das Nötigste stundenlang anstehen musste, wenn man sich auf überfüllten Bahnhöfen in überfüllte Züge zwängte, wenn die Lebensmittelrationen neuerlich gekürzt wurden und der Schwarzmarkt blühte. Da höhnte es dann, oft verbittert: Da habt ihr sie nun, eure Demokratie, solche Missstände gab es früher nicht! – Ja, da hatten wir sie!

Anfangs überwogen Verwirrung, Lethargie, Unsicherheit. Wer sollte, wer musste für all das schreckliche, grauenhafte Geschehen die Verantwortung übernehmen, wer die Schuld und die Schulden tragen? Die ehemaligen Parteigenossen? Die großen – oder die kleinen Nazis? Die Durchhalteschergen, die Denunzianten? Oder kollektiv alle? – Der erste Nürnberger Prozess (1945/46) gegen zunächst 24 Hauptschuldige, von denen zwölf zum Tode, sieben zu Haftstrafen (darunter drei lebenslänglich) verurteilt und drei freigesprochen wurden und die folgenden Prozesse unter anderem gegen Wirtschaftsführer, Diplomaten, Ärzte erreichten ja nur die Exponiertesten unter Hitlers Handlangern. Obgleich unfassbare Verbrechen aufgedeckt und Schuldige verurteilt wurden, das «Volk» hat die Untaten damals nicht sonderlich aufgewühlt, es vermutete überwiegend Siegerjustiz.

Haben wir damals eigentlich nicht realisiert, wie viel Hilfe uns trotz allem von den Siegern zuteil wurde? Die ungezählten Care-Pakete, die Quäker-Speisungen für Schulkinder und nicht zuletzt die zahllosen kulturellen Angebote? Oder der englische Jude Victor Gollancz, der seine Hand zur Versöhnung und tätigen Hilfe ausstreckte, oder der Geigenvirtuose Jehudi Menuhin, der Weihnachten 1945 auf den Trümmern der Berliner Philharmonie spielte?

Des ungeachtet: Man kann sich den damaligen Fatalismus der meisten Deutschen gar nicht drastisch genug vorstellen: Wir waren ein äußerlich und innerlich total zerstörtes, demoralisiertes und entkräftetes Volk, mit einer schrecklichen Vergangenheit belastet und ohne Hoffnung auf eine bessere Zukunft. Wie sollte es gelingen, dieses, allen freiheitlichen und demokratischen Prinzipien abholde Volk mit den Bedingungen eines freiheitlichen Gemeinwesens zu befreunden? Wie sollte es gelingen, verlorenes Ansehen und Vertrauen bei den europäischen Nachbarn und in der Welt zurückzugewinnen? Und wie konnte nach der totalen wirtschaftlichen Zerstörung und Demontage, nach dem Zustrom von über zehn Millionen Flüchtlingen und Vertriebenen aus osteuropäischen Ländern ein materieller Aufbau überhaupt eine Chance haben?

Ich suchte nach Orientierung und fand sie in Kreisen ehemaliger Widerständler und aufrechter Anti-Nazis. Es waren vor allem fünf Begegnungen, die mir weiterhalfen: Die mit Theodor Heuss, der mich in die aktive Politik führte, die mit Eugen Kogon, der mir in den neugegründeten «Frankfurter Heften» ein Forum zum Diskutieren und Schreiben anbot, die mit Martin Niemöller, dem Seelsorger meiner Kindheit, der mir beinahe väterlich zur Seite stand, dessen politische Überzeugungen ich jedoch nicht teilen konnte, die mit Inge Scholl, die mir von ihren Geschwistern Sophie und Hans erzählte, Briefe und Flugblätter zeigte, und nicht zuletzt waren es die Begegnungen mit dem 20. Juli-Mann Theodor Steltzer, der überlebt hatte und damals kurzzeitig Ministerpräsident in Schleswig-Holstein war und Mittelpunkt so mancher leidenschaftlicher Diskussionsrunden. Er war von missionarischem Eifer erfüllt und wurde CDU-Mitglied. Am Ende aber war er wohl der Enttäuschteste unter den wenigen Widerstandskämpfern, die nach 1945 (partei-)politisch aktiv wurden. Alsbald beklagte er, dass die neu-alten Parteien nicht willens oder imstande seien, die geistigen Grundlagen für eine wirkliche Erneuerung zu schaffen, er beklagte die frühzeitigen ideologischen Verfestigungen, die er als *«Parteientotalitarismus»* bezeichnete. Die Begegnung mit Steltzer erbrachte für mich erste Zweifel, ob es gelingen würde, zumindest das moralische Vermächtnis des Widerstands im Bewusstsein der sich alsbald hinter ihren Parteisüppchen verschanzenden Politiker wach zu halten. Seine Besorgnisse waren berechtigt, wie sich bald nach Gründung der Bundesrepublik erweisen sollte. Steltzer resignierte.

Die Ausgangslage nach Kriegsende war also rundherum mit schweren Hypotheken belastet. Theodor Heuss, unser erster Bundespräsident (1949 bis 1959), hatte noch vor Kriegsende am 9. Mai 1945 in sein Tagebuch notiert:

«Es wird eines ungeheuren seelischen Prozesses bedürfen, um alle Elemente der Hitler-Ideologie wieder aus dem Wesen der Deutschen auszuscheiden … Mit der Flucht in Illusionen und Ausreden ist es nicht getan …»

Wie Recht er damit hatte, davon wird noch die Rede sein.

Auch die Chancen für eine Demokratiewerdung beurteilte Heuss skeptisch und realistisch zugleich (März 1946):

«Es ist das geschichtliche Leid der Deutschen, dass die Demokratie von ihnen nicht erkämpft wurde, sondern als letzte, als einzige Möglichkeit der Legitimierung eines Gesamtlebens kam, wenn der Staat in Katastrophen zusammengebrochen war. Dies ist die Last, unter der der Beginn nach 1918 und unter der der Beginn heute bei uns steht ... das Fertigwerden mit den Vergangenheiten.»

«Das Fertigwerden mit den Vergangenheiten» – ja, das war ja die erste, die wichtigste, aber auch schwierigste Konsequenz, die wir nach 1945 aus der Zeit des Nationalsozialismus ziehen mussten, und dies bedurfte fortan langer und mühsamer «seelischer (und politischer) Prozesse». Sie begannen zuerst einmal ganz vordergründig und sehr formalistisch: Wer war «Nazi» gewesen – mit welchen Ämtern und Positionen – mit welcher Verantwortung belastet?

Wenn ich mich an die erste Nachkriegszeit zurückerinnere, dann assoziiere ich sie, abgesehen von dem unermesslichen Glücksgefühl, frei zu sein – vor allem frei von Angst – , abgesehen auch von Not, Zerstörung und Mangel an allen Gütern des täglichen Bedarfs, mit der ziemlich missglückten so genannten «Entnazifizierung». Sie war die erste und für viele Deutsche die einzig greifbare Konsequenz aus ihrer Zugehörigkeit und begeisterten Zustimmung zum Nationalsozialismus (zumindest, solange es mit den Nazis aufwärts ging und wir siegten).

Sie gestaltete sich als ein überaus bürokratisches Verfahren, das über ellenlange Fragebögen abgewickelt wurde, dem in schweren Fällen Verhandlungen vor Spruchkammern folgten. Kleinere Nazis kamen dabei mit dem Schrecken davon, größeren wurden Geldstrafen auferlegt – zeitweise auch Berufsverbot, das bereits 1952 durch ein großzügiges Wiedereinstellungsgesetz, das so genannte 131er-Gesetz, aufgehoben wurde. Schwererer Schuld und Verantwortung verdächtige Nazis kamen in der ersten Nachkriegszeit in Lager – ein Teil davon vor alliierte Gerichte. Viele braune «big-shots» tauchten unter (einige auf Lebenszeit) oder flohen, meist nach Südamerika.

Zur Einsicht und inneren Umkehr dürften diese Verfahren nach meiner Erfahrung wenig beigetragen haben. Dennoch gab es sicher auch Deutsche, die sich ihrer braunen Vergangenheit, ihres Mitläufertums oder ihrer Zustimmung geschämt haben mögen. Von Politik – von Demokratie gar – wollte die große Mehrheit – zumindest bis Ende der 40er/Anfang der 50er Jahre – kaum etwas wissen. Noch Ende der 50er Jahre hielten – laut Allensbach – 56 Prozent der Befragten «die Ziele des Nationalsozialismus für eine gute Idee», «nur schlecht ausgeführt» – nur 25 Prozent fanden das nicht.

Dementsprechend erinnere ich für die Zeit nach 1945 (abgesehen von den ohnehin unverbesserlichen Nazis) zwei diametral entgegengesetzte politische Grundströmungen über den Umgang mit der Nazidiktatur und der eigenen Vergangenheit: Da waren einmal – und das war anfangs die weit überwiegende Mehrheit – diejenigen, die vergessen – be- und verschweigen – oder bagatellisieren wollten (ein «Schlussstrich» wurde schon damals gefordert!), und diejenigen, die auf leisen Sohlen neue Karrieren anstrebten (dazu haben der Zeithistoriker Norbert Frei und Mitautoren eine erste, ziemlich erschütternde Aufarbeitung vorgelegt).

Unklar war zunächst auch die Orientierung der jüngeren Kriegsgeneration, die sich alsbald als «ohne-mich-Generation» verstand. Sie hatte nichts anderes als den Nationalsozialismus gekannt, dem sie begeistert gefolgt war; sie fühlte sich missbraucht und enttäuscht und war zumeist von Selbstmitleid über«mannt» (buchstäblich!). Das «Opfersein» konnte und wollte sie nicht ertragen. Eine großzügig gewährte «Jugend-Amnestie» beugte weiterer Verbitterung vor und trug zum allmählichen Umdenken bei.

Und dann gab es noch die andere, zunächst noch wesentlich schwächere Grundströmung, zu der die überlebenden Nazi-Gegner, die Verfolgten des Naziregimes und alle demokratisch Gesinnten zum Beispiel Demokraten der Weimarer Republik, Christen, Gewerkschafter und Intellektuelle zählten, nur sehr gelegentlich auch rückgekehrte Emigranten, die leider eher mit Argwohn als mit offenen Armen aufgenommen wurden. Nach einer Allensbach-Befragung gaben 1954 noch fast 40 Prozent der Befragten an, «Emigranten sollten kein Regierungsamt haben», nur 13 Prozent waren dafür. Die beschämendste Ablehnung wurde zeitweise Willy Brandt und Herbert Wehner zuteil.

Bis heute haben wir den unermesslichen Aderlass, den die Flucht geistiger, wissenschaftlicher und kultureller Eliten aus Deutschland zur Folge hatte, nicht überwunden. Zu diesen unersetzlichen geistig-politischen Verlusten zähle ich stellvertretend Hannah Arendt, Fritz Stern, Hans Jonas, Alfred Grosser und Karl Popper.

Insgesamt war es nur eine Minderheit von Deutschen, die es von Anbeginn wagte, sich zur Demokratie zu bekennen und politisch zu engagieren.

Ein eindeutiges Schuldbekenntnis wurde nur von der Evangelischen Kirche im Oktober 1945 abgelegt. Darin heißt es:

> *«Durch uns ist unendliches Leid über viele Völker und Länder gebracht worden. ... Wohl haben wir lange Jahre hindurch im Namen Jesu Christi gegen den Geist gekämpft, der im nationalsozialistischen Gewaltregime seinen furchtbaren Ausdruck gefunden hat; aber wir klagen uns an, dass wir nicht mutiger bekannt, nicht treuer gebetet, nicht fröhlicher geglaubt und nicht brennender geliebt haben.»*

Nun, selbst dieses reichlich vage, wenig radikale «Bekenntnis» (die Judenvernichtung, Zwangseuthanasie und Konzentrationslager wurden gar nicht beim Namen genannt) war in den evangelischen Gemeinden heftig umstritten. Ich erinnere mich noch gut an einen Münchner Gemeindeabend, auf dem viel von «Nestbeschmutzung» und «Selbsterniedrigung» die Rede war. Selbst die kirchlich orientierte Stimme des Volkes war also nicht unbedingt reumütig gestimmt, und die Befürworter des «Bekenntnisses» waren in der Minderheit.

Diesen inneren Riss, der durch die politische Mentalität der Nach-Hitler-(West-)Deutschen ging, empfand ich wie eine unsichtbare Mauer, hinter der sich die unaufgeräumte Vergangenheit staute. Und bedrohlicher noch: Bald nach der Gründung der BRD formierten sich, vom alten Ungeist getrieben, NS-Nachfolgeverbände und Parteien aller braunen Schattierungen neu. Unter anderem diffamierten sie die Männer des 20. Juli als Hoch- und Landesverräter, was damals der Mehrheitsmeinung entsprach, die sich nur sehr langsam änderte. Sie bezichtigten sie der Finanzierung durch das «feindliche Ausland» und gaben ihnen die Schuld am verlorenen Krieg. 40 Jahre später beurteilten immerhin 60 Prozent den 20. Juli 1944 positiv.

Es war dem couragierten Staatsanwalt Fritz Bauer zu verdanken, der dieser neuen Dolchstoßlegende mit einer Anklage beim Landgericht Braunschweig entgegentrat und Anfang 1952 im so genannten Remer-Prozess mit einem bemerkenswerten Urteil obsiegte. Der Rädelsführer Ernst Remer wurde zu einer milden Gefängnisstrafe verurteilt. Remer erklärte: *«Ich verbitte mir, Neo-Nazi genannt zu werden. Ich war, bin und bleibe überzeugter Nationalsozialist!»*

Im gleichen Jahr wurde mit einem der ersten Urteile des neu errichteten Bundesverfassungsgerichtes die SRP (Sozialistische Reichspartei) verboten. Erschreckendes Nazi-Denken und -Brauchtum hatten dort martialische Urstände gefeiert und bei Landtagswahlen rasante Zustimmung gefunden. Ende der 40er Jahre setzte dann ein sogenanntes «Gnadenfieber» ein. Es war eine Art Volksbewegung – verbal unterstützt von so manchen Politikern, darunter ansonsten lautstarken Befürwortern der Todesstrafe, wie zum Beispiel der spätere CSU-Abgeordnete Jäger, die gegen die Vollstreckung von Todesurteilen an grausamsten SS-Schergen und KZ-Bewachern lauthals und aggressiv protestierten.

Als skandalöses «Nachbeben» ist auch noch die von den Briten 1952 aufgedeckte Rechtsunterwanderung der nordrhein-westfälischen FDP – angeführt von einem früheren Goebbels-Staatssekretär namens Naumann – zu erwähnen, eine Unterwanderung, die auch andere Landesverbände erfasste.

Gegen solcherlei und andere revisionistische Umtriebe und Strömungen (zum Beispiel die baldige Rückkehr von Ex-Nazis bis hinauf in Ministerränge) gingen Regierungen und Parteien nur sehr zögerlich vor und meist nur dann, wenn man Kritik und ein schlechtes «Image» im Ausland befürchtete. Davon wird noch die Rede sein müssen.

Die Jüngeren unter Ihnen werden sich erstaunt fragen, ob und wie es in dieser wenig Neuanfang versprechenden Konstellation überhaupt zu demokratischen Anfängen kam. – Nun, das verdankten wir auch den westlichen Besatzungsmächten, die unbescholtene Deutsche der älteren Generation örtlich mit ersten öffentlichen Aufgaben betrauten, die ab Ende 1945 die ersten unverdächtigen Parteien und zwei- bis vierseitige Zeitungsblättchen lizenzierten, die Kommunalwahlen vorbereiteten und ab 1946 in ihren Besatzungszonen demokratische Verfassungen ausarbeiten ließen, die in den Ländern der US-Besatzungszone bereits am 1. Dezember 1946 durch Volksabstimmung angenommen wurden. Außerdem ordneten sie, mit Unterstützung deutscher Reformer aus der Weimarer Zeit, Schul- und Hochschulreformen an und forderten erste finanzielle Hilfsleistungen für überlebende Opfer des NS-Regimes.

Missverständlicherweise bezeichneten sie die genannten und andere Maßnahmen (zum Beispiel großzügige kulturelle Angebote, Studienreisen in die USA und ab 1949 Jahresstipendien an den besten US-Universitäten) als «Reeducation». In Wirklichkeit war es das, was wir heute «Hilfe zur Selbsthilfe» nennen: «Hilfe zur Selbsthilfe» in Sachen Demokratieaufbau, und mit dem Marshall-Plan zum Wirtschaftsaufbau. Und beides gelang allmählich. Auch ich profitierte davon, seit 1948 als jüngste Münchner Stadträtin, ab 1950 als bayerische Landtagsabgeordnete und 1949 – zusammen mit dem jungen Berliner Stadtverordneten Klaus Schütz – mit einem Jahresstipendium an der Harvard-Universität.

Unter der Oberfläche dieser und anderer von den Besatzungsmächten geförderten Demokratisierungsprozesse existierten jedoch auch weiterhin tiefe Risse, und es bedurfte jener «ungeheuren seelischen und politischen Prozesse», bevor die Ära des Be- und Verschweigens zu Ende ging und die Zeit der eigentlichen Aufarbeitung beginnen konnte.

Wenn ich mich an das erste Nachkriegsjahrzehnt zurückerinnere und bis in die 60er Jahre hinein, dann war es unter den verdienstvollen Nachkriegspolitikern wie Konrad Adenauer, Kurt Schumacher, Eugen Gerstenmaier, Carlo Schmid und Theodor Heuss vor allem der letztgenannte, der uns Deutschen bereits in der allerersten Nach-Hitler-Zeit die Zusammenhänge von politischer Schuld und Sühne aufzeigte, aber auch die Bedingungen und Chancen für ein freiheitliches Gemeinwesen nannte. Hierfür einige Zitate, die für ungezählte andere sprechen:

Nach seiner Wahl zum Bundespräsidenten am 12. September 1949:

«Das deutsche Volk hat es sich leicht, zu leicht gemacht in sei-

ner Masse, sich in die Fesseln des Nationalsozialismus zu geben. Es darf es sich nicht leicht machen, diese Fesseln, an denen es schlimm trug, von denen es sich nicht selber hatte lösen können, es darf es sich nicht leicht machen, die bösen Dinge wie einen wüsten Traum hinter sich zu werfen … um unserer moralischen Volkszukunft willen …»

Am 7. Dezember 1949:

«Wir dürfen nicht vergessen, dürfen auch nicht Dinge vergessen, die die Menschen gerne vergessen möchten, weil das so angenehm ist. Wir dürfen nicht vergessen die Nürnberger Gesetze, den Judenstern, die Synagogenbrände, die Abtransporte von jüdischen Menschen in die Fremde, in das Unglück, in den Tod. Das sind Tatbestände, die wir nicht vergessen dürfen, weil wir es uns nicht bequem machen dürfen …»

Aus einer Rundfunkansprache anlässlich der Woche der Brüderlichkeit:

«Mir hat neulich einer einmal geschrieben, ich solle doch nicht mehr gegen den Nationalsozialismus etwas sagen – der sei ein Stück geschichtlichen Schicksals gewesen, wie es eben über die Völker komme. Ich konnte ihm nur antworten: so bequem dürfen wir es uns nicht machen. … Wer möchte die Unverfrorenheit besitzen, jüdischen Menschen zu sagen: ‹Vergesst es doch!› So billig, das Wort im moralischen wie im materiellen Sinn, wird Hitlers Hinterlassenschaft nicht beglichen – es ist eine unerhört schwere Aufgabe, sich durch das Erbe dieser Geschichte hindurchzuarbeiten. Denn aus viel Leid ist auch viel Hass gezeugt worden, wer wollte sich darüber wundern?»

Auch war Heuss der erste und damals einzige Politiker, der bereits 1952 am Mahnmal in Bergen-Belsen die in Konzentrationslagern umgekommenen Opfer der NS-Verfolgung ehrte und sich am 20. Juli 1954 zum Recht auf Widerstand bekannte. Ich zitiere:

«Wir werden nicht verhindern können, dass in Hinterstuben diese oder jene Schmährede das Gedächtnis der Männer besu-

delt – Diese Stunde aber soll Bekenntnis und Dank sein … Ihr Vermächtnis ist noch in Wirksamkeit, die Verpflichtung noch nicht eingelöst.»

Leider ist die von Theodor Heuss begonnene moralisch-politische Fundierung unserer Demokratie nach seiner Präsidentschaft und seinem Tod am 12. Dezember 1963 bis zur Präsidentschaft von Gustav Heinemann (1969–1974) nicht mit der gleichen Intensität und Überzeugungskraft fortgesetzt worden. In meiner Erinnerung waren es eher gegenläufige Tendenzen, die den mühsam in Gang gekommenen politischen und moralischen Prozess der Auseinandersetzung mit dem Nationalsozialismus in der Zeit des florierenden Wirtschaftswunders schon bald überlagerten. Man glaubte, mit einer materiellen Wiedergutmachung sei aller Schuld und Reue Genüge getan. Dem aber war nicht so und durfte nicht so sein.

Dritte Station:
Entnazifizierung und ihre Folgen – Staatsvertrag mit Israel, Wiedergutmachungsgesetzgebung und spätere neue Ansätze

Auch die dritte Station meiner Streifzüge durch die Geschichte der Nach-Hitler-Zeit bedarf eines längeren Aufenthaltes.

Ich möchte noch einmal auf die so genannte «Entnazifizierung» zurückkommen, auf jenes von den Besatzungsmächten ausgetüftelte, von Deutschen durchgeführte, bürokratische Verfahren, mit dem eine wahrhaftige Auseinandersetzung über Schuld, Verantwortung und Sühne eher verhindert als gefördert wurde. Es fragte nicht nach persönlicher Einsicht und Umkehr, was zur Folge hatte, dass Millionen der als «Mitläufer» Eingestuften ihre meist geringfügigen Geldstrafen einfach «wegsteckten». Mit der sich nach und nach entwickelnden Demokratie begannen sie sich erst im Laufe des «Wirtschaftswunders» allmählich zu befreunden.

Wie es um das Wissen und Gewissen der Mehrheit der Deutschen in den ersten Nachkriegsjahren wirklich bestellt war, wage ich bis heute nicht zu beurteilen. Aus eigenem Erleben erinnere ich, dass, wenn ich Bekannte aus der Hitlerzeit wiedertraf, diese beteuerten, schon immer dagegen gewesen zu sein, aber nun sei es ja auch nicht viel besser. Sie schienen nur um sich und ihr Wohl besorgt zu sein. Von den ungezählten Opfern, vom Widerstand, vom Martyrium der um ihres Glaubens, ihrer Rasse, ihrer politischen Überzeugung willen Gemordeten, Vergasten, körperlich und seelisch Zerstörten wollten sie zu allermeist nichts wissen und hören.

Diese Befindlichkeiten fanden auch in den ersten Gesetzgebungen der 1949 gegründeten Bundesrepublik ihre Entsprechung. Sie betrafen zuvörderst die Amnestierung, Straffreiheit und Rehabilitierung ehemaliger Nazis, Kriegsopfer und Vertriebener. Höhepunkt war das sogenannte 131er-Gesetz nach dem Hunderttausende so genannter «Entnazifizierungsgeschädigter» (!) ein Rückkehrrecht auf ihre früheren Positionen hatten. Erst als diese Art «Vergangenheitsbewältigung» befriedigend (und befriedend!) abgeschlossen war, wurden Regierung und Gesetzgeber in Sachen Wiedergutmachung tätig.

Sie begann 1953 mit dem Staatsvertrag mit Israel, nach dem über zwölf Jahre insgesamt zwölf Milliarden DM Wiedergutmachung geleistet werden sollten.

Aus den Protokollen des Bundestags über diesen Vertrag geht eindeutig hervor, dass es hierfür mehrheitlich keine aufrichtige Zustimmung gab. Ausgenommen Bundeskanzler Adenauer, die Redner der SPD und der CDU-Abgeordnete Dr. Gerstenmaier, die die Wiedergutmachungsverpflichtung gegenüber Israel aus eigener Überzeugung zum

Ausdruck brachten, überwog bei den Beratungen atmosphärisch-schweigende Verklemmung. Das Abstimmungsergebnis war dem entsprechend: In der 146-köpfigen CDU/CSU-Fraktion stimmten nur 84 Abgeordnete mit Ja, fünf mit Nein, 39 enthielten sich und 18 fehlten. Bei der 49-köpfigen FDP-Fraktion sah es noch schlechter aus: nur 17 Ja-Stimmen, fünf Nein-Stimmen, 19 Enthaltungen, acht fehlten. Von der 20 Mitglieder zählenden Fraktion der rechtskonservativen «Deutschen Partei» stimmten gar nur fünf Abgeordnete mit Ja. Ohne die einstimmige Unterstützung der in Opposition stehenden Sozialdemokratie hätte der Vertrag damals keine Mehrheit gefunden.

Das zweite Beispiel betrifft die Wiedergutmachungsgesetzgebung für Verfolgte und Opfer des Nationalsozialismus aus politischen, rassischen oder religiösen Gründen. Das erste Gesetz hierzu wurde buchstäblich in letzter Stunde der ersten Legislaturperiode 1953 beschlossen. Es war so unzulänglich, dass man bereits zwei Jahre später in Novellierungsverhandlungen gehen musste. Bei der Durchführung des ersten Gesetzes waren «böse Verwaltungspraktiken», die oft an «passiven Widerstand grenzten», bekannt geworden. So heißt es in dem Bericht des zuständigen Bundestagsausschusses vom 6. Juni 1956:

> *«Der Ausschuss hat mit Erschrecken und Entsetzen Entscheidungen von Entschädigungsbehörden und -gerichten zur Kenntnis genommen, in denen eine Art des Denkens zum Ausdruck kommt, die zum völligen Versagen, ja zum Teil in das Gegenteil der Wiedergutmachung führen muss ...»*

Das zweite Wiedergutmachungsgesetz wurde dann im Juni 1956 verabschiedet. 1965 wurde es zwecks Verlängerung der Anmeldefristen noch einmal novelliert und zum «Wiedergutmachungs-Schlussgesetz» erklärt. Opfer sozialer Verfolgung wie beispielsweise Zwangssterilisierte, Sinti und Roma, Homosexuelle und Deserteure aus Gewissensgründen wurden nicht berücksichtigt. Von einer Entschädigung für Zwangsarbeiter war erst gar nicht die Rede.

Insgesamt sind nach diesem Gesetz über 100 Milliarden DM materieller Wiedergutmachung geleistet worden, ein hoher Betrag, der sich jedoch relativiert, wenn man berücksichtigt, dass ein Monat KZ mit 150 DM Monatsrente «wiedergutgemacht» wurde, das waren fünf DM pro Tag KZ-Haft, Grauen und Qualen. Trotz dieser für den jeweils Betroffenen bescheidenen Beträge ist auch dieses Gesetz in der Volksmeinung niemals «populär» und immer umstritten gewesen.

Es sollte weitere 20 Jahre dauern, bis 1987 ein weiteres trauriges Kapitel unerledigter Wiedergutmachung von einigen Einzelkämpfern aus allen Bundestagsfraktionen (ausgenommen der CSU) aufgegriffen und wenigstens einigermaßen befriedigend abgeschlossen werden konnte: Es handelte sich um die Opfer sozialer Verfolgung und Vernichtung. Hierzu zählten Euthanasie-Opfer, Zwangssterilisierte, Sinti und Roma, Homosexuelle und so genannte «Asoziale».

Für eine Entschädigung dieser Opfer hatte ich im August 1987 einen dringlichen Appell veröffentlicht, in dem es heißt:

«Wie viele überlebende Opfer nationalsozialistischer Verfolgung seit 1945 nicht in den ‹Genuss› einer noch zu bescheidenen Wiedergutmachung gekommen sind, wird sich heute – 42 Jahre nach Kriegsende – nicht mehr feststellen lassen. Wenn man zu den geschätzten 7,5 Millionen Zwangsarbeitern in Rüstungsbetrieben die Opfer von Zwangssterilisation und Euthanasie hinzuzählt, zudem die sozial-verfolgten Sinti und Roma (Zigeuner), die Homosexuellen, aber auch die seinerzeit als ‹Asoziale› in KZs verbracht wurden, oder die aus Gewissensgründen Desertierten und so weiter, so dürfte ihre Zahl mindestens noch einmal ebenso hoch sein, wie die aus politischen, rassischen oder religiösen Gründen Verfolgten.

Auch für diese Gruppe gilt die Erkenntnis, die der Sachverständige Prof. Doerner so formulierte: ‹Die Leistung der Wiedergutmachung wird sich insgesamt letztlich nicht an der Zahl der positiv entschiedenen Verfahren und auch nicht an der Höhe der Mittel, die dafür aufgewendet wurden, messen lassen, sondern nicht zuletzt an der Zahl derer, die dennoch durch die Maschen gefallen sind.›»

Und das waren viele, die kärglich von Sozialhilfe leben mussten. 1987 war ein großer Teil der Opfer sozialer Verfolgung bereits gestorben, andere hatten Fristen versäumt oder es längst aufgegeben, die geforderten «Beweise» für ihre Verfolgung (zum Beispiel Operationsnarben von Zwangssterilisationen!) vorzulegen – zudem war ihnen der Makel gesellschaftlicher Diskriminierung niemals genommen worden.

Dass für sie – trotz zahlloser Widerstände – am Ende doch noch eine, wenn auch sehr bescheidene und verspätete Abhilfe gelang, war nicht das Verdienst der Regierung, sondern von parlamentarischen Einzelkämpfern, von engagierten Bürgern und Verbänden, die die Mäntel parlamentarischer Routine und öffentlicher Gleichgültigkeit zerrissen und ein weiterwirkendes «Exempel» – wenn auch verspäteter – Entschädigung «statuiert» haben.

Als letztes Beispiel für quälende Lernprozesse – bis zu einem letztendlich mit der sehr verspäteten Entschädigung der Zwangsarbeiter erst jüngst positiv statuierten Exempel – erinnere ich an die dreimaligen Anläufe im Deutschen Bundestag bis zur endgültigen Aufhebung der Verjährungsfristen für Mord im Falle ungesühnter NS-Verbrechen (1965, 1968 und 1979). Und ich erinnere an die 1985 (leider nur halbherzig) geregelte Strafbarkeit der so genannten «Auschwitz-Lüge».

Alles in allem dokumentieren die einschlägigen Debatten eine wachsende Bereitschaft, hinter Formalismus getarnte

Gleichgültigkeit zu überwinden, Steine neu zu behauen und Exempel zu statuieren. Und sie beweisen auch ein gewachsenes Bewusstsein für die fortwirkende Verantwortung im Sinne der anfangs zitierten Botschaften.

Vierte Station:
Von der Zeit des Beschweigens, über neue Ansätze zu vielfältigen Beiträgen im Umgang mit dem Vermächtnis des Widerstands

Nach der ersten, politisch wenig klärenden und aufhellenden Epoche der Versäumnisse, des Beschweigens und Verdrängens erreichen wir auf unseren Streifzügen durch die Geschichte der Nach-Hitler-Zeit nun die vierte Station und erblicken – etwa seit Beginn der 60er Jahre – eine sich wandelnde politische Landschaft. Zwar dominierte immer noch das Erfolgserlebnis «Wirtschaftswunder» und des raschen Wiederaufbaus, aber die Zeit ausschließlich restaurativer Tendenzen ging zu Ende. Obgleich viele, viel zu viele scheinbar makellos Entnazifizierte zurückgekehrt waren, die Globkes und Oberländers, die Filbingers und Maunzens, insgesamt machte sich jedoch – und das nicht nur unter Studenten – eine wachsende politische und gesellschaftliche Besinnung und Aufbruchstimmung bemerkbar.

Rechtsstaatlicher Vorläufer war die 1958 in Ludwigsburg errichtete «Zentralstelle zur Ermittlung von NS-Verbrechen», die der Aufklärung ungesühnter NS-Verbrechen dienen und damit der für 1965 drohenden Verjährung von NS-Verbrechen vorbeugen sollte. Insgesamt konnten – dank der intensiven Ludwigsburger Tätigkeit – mit einem Bestand von über 100 000 Fahndungsakten über 14 000 Einzelverfahren eingeleitet werden und ab 1963 und dann 1974 und 75 bis 81 vor allem die ersten großen Strafverfahren gegen KZ-Wachmannschaften, Schreibtischtäter und SS-Chargen in deutscher Regie durchgeführt werden. Dem verstorbenen Fernsehjournalisten Eberhard Fechner verdankten wir erschütternde Berichte über den Prozessverlauf und die grauenhaften Verbrechen in den Vernichtungslagern Auschwitz und Majdanek.

Ich habe diesen Sachverhalt etwas ausführlicher gewürdigt, weil sich nun, im Sinne meiner Thematik, eine bemerkenswerte Wende im öffentlichen und politischen Bewusstsein ankündigte. Von nun an – und verstärkt durch Schriften wie die von Alexander und Margarete Mitscherlich *«Über die Unfähigkeit zu trauern»*, durch Dokumentationen und Filme (Hollywoods Holocaust) – fragten Kinder ihre Eltern, Schüler ihre Lehrer, Christen ihre Amtskirche nach der Vergangenheit und weshalb die Aufarbeitung so gut wie nicht stattgefunden hätte, weshalb die Konsequenzen so beschämend unzulänglich gezogen worden – kurzum, weshalb so wenig «Exempel statuiert» worden seien.

Auch die innenpolitische Großwetterlage veränderte sich mit der Regierung Brandt-Scheel zusehends. Nachdem es bei den Bundestagswahlen 1969 – auch mit Hilfe einer beispielhaft engagierten Initiative junger Menschen – gelungen war, den Einzug der damals neuerlich erstarkten NPD zu verhindern, nahm die Ära der Entspannungs- und Versöhnungspolitik mit den früheren osteuropäischen Kriegsgegnern ihren Anfang. Hierzu leistete auch die so genannte Oder-Neisse-Denkschrift der Evangelischen Kirche einen wichtigen Beitrag, desgleichen die Idee und Tat der Gründung der Aktion Sühnezeichen (Lothar Kreyssig) und einer sehr verdienstvollen Christlich-Jüdischen Arbeitsgemeinschaft auf Kirchentagen, um nur einige von vielen anderen Beispielen zu nennen. Nur eines muss ich noch hinzufügen: den «Kniefall» des damaligen Bundeskanzlers Willy Brandt am Mahnmal vor dem Warschauer Ghetto am 7. Dezember 1970, den Beginn des langen Aussöhnungs-Prozesses, ohne den es 1990 kein Ende des Kalten Krieges und keine Überwindung der Teilung Deutschlands und Europas gegeben hätte.

Fünfte Station

An der fünften Station soll von wichtigen und ermutigenden Beispielen des wissenschaftlichen, geistigen und gesellschaftlichen Engagements während der letzten 25 Jahre die Rede sein. Sie ist so vielgleisig, dass sie allein eines abendfüllenden Rundganges bedürfte.

Hier nur so viel: Die wissenschaftliche und die Erinnerungsliteratur füllen ganze Bibliotheken. Beispielhaft nenne ich meine Favoriten Viktor Klemperer, Saul Friedländer, Eberhard Bethges Bonhoeffer-Biografie, Karl Jaspers, Jürgen Habermas.

Desgleichen boomt das Interesse an zeitgeschichtlicher Forschung, inklusive der damit verbundenen Kontroversen, die ich als belebend und heilsam empfinde. Geschwiegen wurde lange genug! Fernsehserien und Filme haben viel dazu beigetragen, dass die Nazizeit inklusive Widerstand und Verfolgung nach Jahren des Desinteresses und der Ignoranz schließlich doch noch – vor allem bei jungen Menschen – eine Art «Allgemeingut» wurde.

A propos junge Menschen: Ich denke an das großartige Engagement ungezählter junger Menschen in Ost und West, in Schulen, Verbänden und Initiativen für Frieden und Menschenrechte, an Beiträge zur Erinnerung und Versöhnung – an die ungezählten großen und kleinen Beispiele für mehr Mitmenschlichkeit. All das wurde sowohl im Sinne des Vermächtnisses der Opfer von Widerstand und Verfolgung als auch des «nie wieder» verstanden. Zugleich hat es demokratischen Lebensformen Auftrieb gegeben.

Ich nenne zum Beispiel die Lichterketten gegen Fremdenfeindlichkeit und Antisemitismus, das Engagement der

Gesellschaften für christlich-jüdische Zusammenarbeit, die Aktivitäten des «Vereins gegen Vergessen und für Demokratie» und der «Weiße Rose Stiftung», die bewegenden Gedächtnisvorlesungen und die Errichtung von Jugendbegegnungsstätten in Dachau und Auschwitz. In ehemaligen Konzentrationslagern und Gedenkstätten, in Ausstellungen und Museen hat sich eine beachtliche «Erinnerungskultur» entwickelt. Auch haben Konzerne, Berufsverbände oder auch Institutionen wie Universitäten, wenn auch sehr verspätet und oft zögerlich, mit der Aufarbeitung ihrer eigenen Vergangenheit begonnen.

Als letztes Beispiel aus eigener Tätigkeit möchte ich in diesem Zusammenhang die 1964 – nach dem Tode unseres ersten Bundespräsidenten Theodor Heuss, zusammen mit Freunden aus allen politischen Lagern – gegründete, gleichnamige Stiftung nennen, die sich die Stärkung der Demokratie als Lebensform aufs Panier geschrieben hat. Alljährlich fördert sie besonders bemerkenswerte Beispiele für demokratisches und gemeinwohlorientiertes Engagement, für Zivilcourage und Toleranz. Die 40-jährige Chronik der einschlägigen Beispiele ist zu einem erfreulichen Stück Zeitgeschichte aufgewachsen. Ich zähle allein je 25 Auszeichnungen für Taten der Versöhnung und gegen neue Gefährdungen. Zumeist sind es keine Helden-, sondern Alltagstaten, die in der Zusammenschau ein Bild von dem geben, was Theodor Heuss *«den rechten Gebrauch der Freiheit»* genannt hat.

Sechste Station:
«Der Schoß ist fruchtbar noch» – Herausforderungen heute: Rechtsextremismus, Antisemitismus, Revisionismus

Doch leider gibt es auch neue Gefährdungen, Erschreckendes und Schockierendes, das uns an der vorletzten Station unserer Streifzüge begegnet. Seit Jahren schon feiert in unserem Lande ein rassistischer, antisemitischer und fremdenfeindlicher Rechtsextremismus makabre Urstände und, wie der jüngste Verfassungsschutzbericht feststellt, mit steigender Tendenz. 2002 wurden 10 902 rechtsextremistische Straftaten registriert – täglich also mehr als zwanzig, darunter 772 Gewalttaten. Etwa 100 Morde in den 90er Jahren, zahllose Brandstiftungen und Schändungen jüdischer Friedhöfe. Skinheads und Neonazis verbreiten, auch verstärkt im Internet, typisch nazistische Parolen, verleugnen den Holocaust und verbreiten rassistische, antisemitische und antidemokratische Hassgesänge.

Hier eine Kostprobe: *«Ran an den Feind – ran an den Feind – Bomben auf Israel – wir stellen die Auserwählten zum letzten entscheidenden Schlag. Wir halten Gericht, ihre Feldmacht zerbricht – das wird unser stolzester Tag! Bomben, Bomben, Bomben auf Israel.»*

Zahlreiche staatliche Maßnahmen und viele Bürgeraktivitäten halten dagegen. Zudem gibt es landauf landab tapfere und engagierte Leute, die mit immer neuen Aktionen «Exempel statuieren» und den neuerlich weitverbreiteten «Mantel der Gleichgültigkeit» zerreißen.

Das alles ist aber offensichtlich nicht genug. Es wird entscheidend darauf ankommen, Rechtsextremisten, die ja unsere Demokratie verachten und bekämpfen, von ihren Stärken und positiven Angeboten zu überzeugen und für ein Leben in freier Selbstbestimmung zurückzugewinnen. Dafür werden vor allem mehr «Präventionsprogramme» in Schulen und in der Jugendarbeit gebraucht, aber auch Hilfen für Ausstiegswillige, und nicht zuletzt große Anstrengungen der politisch Verantwortlichen zur Überwindung von Politik(er)- und Demokratieverdrossenheit.

Siebente und letzte Station:
Prüfsteine und Wegweisung für die Zukunft

Wenn wir uns abschließend fragen, ob und wie wir im Verlauf von bald 60 Jahren wirklich Sühne geleistet haben für die furchtbaren Verbrechen, die während der Nazi-Herrschaft im deutschen Namen von Deutschen gegen Millionen Menschen begangen wurden, dann antworte ich mit einem «Ja», dem ich zugleich ein «Aber» hinzufüge. Denn trotz vieler, aufrichtiger und nachhaltiger Bemühungen – es bleibt immer noch und immer wieder viel zu tun übrig. Der damalige Bundespräsident Richard von Weizsäcker hat es am 8. Mai 1985 in seiner historischen Rede unvergesslich wie folgt formuliert:

> *«Wir alle, ob schuldig oder nicht, ob alt oder jung, müssen die Vergangenheit annehmen. Wir alle sind von ihren Folgen betroffen und für sie in Haftung genommen ... Wer vor der Vergangenheit die Augen verschließt, wird blind für die Gegenwart ... Wer sich der Unmenschlichkeit nicht erinnern will, der wird wieder anfällig für neue Ansteckungsgefahren ... Für uns kommt es auf ein Mahnmal des Denkens und Fühlens in unserem eigenen Innern an ...»*

Darauf vor allem wird es auch in Zukunft ankommen.

2 «Mit Tränen säen – mit Freuden ernten»

(Danksagung anlässlich der Verleihung
des Heinz-Galinski-Preises in Berlin, 27. November 2005)

I.

Die Zuerkennung des diesjährigen Heinz-Galinski-Preises, in dessen Gründungskuratorium ich von 1988 bis zu meinem Ausscheiden aus der aktiven Politik, die Freude hatte, Mitglied zu sein, bedeutet für mich nicht nur eine hohe Ehre, sondern auch eine Verpflichtung, der ich nicht nur mit einer allgemeinen Danksagung nachkommen möchte, sondern in Form einer Art Rechenschaftsbericht: Ich möchte Ihnen aus meiner Sicht eine – wie in einem Zeitraffer kurz gefasste – Zusammenschau der Thematik deutsch-jüdischer Befindlichkeiten seit Beginn der Nach-Hitler-Zeit geben, ihrer Geschichte und meiner Positionen. Mehr als fünf Jahrzehnte habe ich daran intensiv Anteil genommen und hoffe, dass ich dies (nun allerdings altersreduziert!) auch noch eine Weile weiter tun kann.

Zu Beginn und zur Einstimmung möchte ich aus der Weissagung des 126. Psalms zitieren, der uns zur Erlösung aus Schuld und Versagen aufträgt, *mit Tränen zu säen, um mit Freuden ernten zu können.* Unter dieser Verheißung habe ich mir nach 1945 die Akzeptanz der schwersten Erblast unserer deutschen Geschichte erhofft, nachdem mir – spätestens im Laufe der Nürnberger Kriegsverbrecherprozesse – das ganze apokalyptische Ausmaß der Shoah, der NS-Greuel und Massenmorde, der Verfolgung und Hinrichtung von Widerstandskämpfern und Regimegegnern, die Vertreibung ganzer Völkerschaften – als mir all dies zur schier unerträglichen Gewissheit wurde. – Ja, wir werden mit Tränen säen müssen, lange Zeit und unermüdlich! Ein neues jüdisches Leben in Deutschland, geschweige denn ein Zusammenleben, hätte ich mir damals selbst in den kühnsten Träumen nicht vorstellen können.

Dennoch: Das tröstliche, zugleich fordernde Psalm-Wort wurde für mich zu einer Art Wegweisung, zur Aufforderung und Zielsetzung. Mit Tränen zu säen, das hieß und das heißt, um die Opfer der Shoah mit dem jüdischen Volk zu trauern, dies nicht zu verdrängen oder gar aufzurechnen, sondern zu helfen und die mühsamen Prozesse einer materiellen, ideellen und moralischen Wiedergutmachung zu unterstützen. Aber auch Freude zu empfinden, wenn Saatkörner aufgingen und langsam zu Vertrauen aufwuchsen. Wenn neue Herausforderungen nicht ignoriert, sondern angenommen und bestanden wurden. Ja, es gab in diesen 60 Jahren und es gibt immer auch Anlässe, «mit Freuden zu ernten». Von beidem soll im Folgenden die Rede sein.

II. Die Chronik der Ereignisse

Die Chronologie der Ereignisse möchte ich mit einem Zitat einleiten, das der damals erstmals gewählte Bundespräsident Theodor Heuss im Dezember 1949 vor der neu gegründeten Gesellschaft für Christlich-Jüdische Zusammenarbeit abgelegt hatte. Es trug den Titel «*Mut zur Liebe*» und lautete:

> *«Wir dürfen nicht einfach vergessen, was Menschen gern vergessen möchten, weil das so angenehm ist … Wir dürfen nicht vergessen die Nürnberger Gesetze, den Judenstern, die Syn-*

agogenbrände, den Abtransport von jüdischen Menschen in das Unglück, in den Tod … Nun steht das jüdische Schicksal vor uns als Vergangenheit, aber auch als drängende Gegenwart.»

Dann nannte Heuss *«die drängenden Aufgaben»* der Überwindung des traditionellen Judenhasses und Antisemitismus und schloss:

«Der Hass folgt immer der Trägheit des Herzens, er ist billig und bequem … Die Liebe ist immer ein Wagnis. Aber nur im Wagen wird gewonnen.»

Es war das erste Mal, dass ein deutscher Politiker diese, unsere erdrückende Erblast rückhaltlos beim Namen nannte und sich aufrichtig zu der Verantwortung bekannte, sie zu tragen.

Aber das Echo war gering. Dennoch: Heuss gab nicht auf. 1952 mahnte er neuerlich:

«Mir hat neulich einer geschrieben, ich solle doch nichts mehr gegen den Nationalsozialismus sagen, der sei ein Stück geschichtliches Schicksal gewesen, wie es eben über die Völker komme … Ich konnte ihm nur antworten: So bequem dürfen wir es uns nicht machen. … Wer möchte die Unverfrorenheit besitzen, jüdischen Menschen zu sagen: ‹Vergesst es doch!› So billig wird, im materiellen wie im moralischen Sinn, Hitlers Hinterlassenschaft nicht beglichen. Es wird eine unerhört schwere Aufgabe sein, sich durch das Erbe dieser Geschichte hindurchzuarbeiten. Denn aus viel Leid ist auch viel Hass erzeugt worden, wer wollte sich darüber wundern? … Der Weg zur Brüderlichkeit wird oft genug eine Sache der Tapferkeit sein.»

Ich habe Heuss so ausführlich zitiert, nicht nur wegen seines, damals ungewöhnlichen, persönlichen Bekennermutes, sondern weil er das ganze Ausmaß der damals noch nicht begriffenen, geschweige denn aufgearbeiteten Problematik (die uns bis heute zu schaffen macht) sehr konkret anspricht, nämlich *«die unerhört schwere Aufgabe, sich durch das Erbe dieser*

Geschichte hindurchzuarbeiten». Damals, im ersten Jahrzehnt der politisch noch instabilen Wirtschaftswunder-Republik war Heuss ein einsamer Rufer in einer Wüste des Beschweigens, des Verdrängens und der mentalen Abschottung vor konkreten Forderungen nach materieller und ideeller Wiedergutmachung. Noch gab es auf den Feldern der Wiedergutmachung und Verständigung kaum Bereitschaft, mit Tränen der Trauer und Reue zu säen. Kein Wunder also, dass überlebende Juden jahrelang buchstäblich «auf gepackten Koffern» saßen und ihre Auswanderung betrieben. (Die erst kürzlich erschienene Biographie über das Schicksal seines Vaters von Moritz Neumann beschreibt das eindrucksvoll.)

Die ersten politischen Großereignisse der 50er Jahre waren einmal der zwischen Bundeskanzler Adenauer mit dem israelischen Ministerpräsidenten Ben Gurion geschlossene *Staatsvertrag mit dem jungen Staat Israel*, der 1952 nur mit Müh und Not und mit Hilfe der einstimmig dafür votierenden SPD-Opposition und gegen die Stimmen von etwa der Hälfte der Abgeordneten aus dem Regierungslager im Bundestag ratifiziert wurde. Und zum anderen war es die Verabschiedung eines noch in letzter Minute vor Ende der Legislaturperiode (1953) überstürzt zusammengeschusterten *Wiedergutmachungsgesetzes für politisch und rassisch Verfolgte*, das wegen gravierender Mängel bereits 1956 und neuerlich 1965 novelliert werden musste. Aber selbst diese dritte Novelle schloss noch viele Opfergruppen aus. Erst Mitte der 80er Jahre gelang es im Bundestag mit Hilfe einer fraktionsübergreifenden Initiative einzelner Abgeordneter, für die zahllosen Opfer sozialer Verfolgung (unter anderem Zwangssterilisierte, Euthanasie-Opfer, Sinti und Roma) eine minimale Entschädigung zu erkämpfen. Und noch einmal, eineinhalb Jahrzehnte später, wurde eine Stiftung gegründet, an der sich auch die deutsche Wirtschaft beteiligte, um überlebende ehemalige Zwangsarbeiter mit bescheidenen Beträgen zu entschädigen.

Insgesamt hat es also über ein halbes Jahrhundert gedauert, bis die materielle Seite der Wiedergutmachung einigermaßen befriedigend abgeschlossen war – wahrlich kein Ruhmesblatt für die wirtschaftlich florierende BRD.

An dieser Stelle seien noch zwei positive politische Beispiele aus der parlamentarischen Arbeit erwähnt: Einmal die nach drei vergeblichen Anläufen 1979 schließlich erkämpfte *Aufhebung der Verjährungsfristen für Mord* und zum anderen die 1985 beschlossene Strafbarkeit für die Leugnung des Holocaust (Auschwitz-Lüge).

III. Über den Prozess historischer und moralischer Aufarbeitung

Nicht nur die materielle, auch die ideelle Bereitschaft zur Aufarbeitung nationalsozialistischen Unrechts, sowie von Kriegs- und Menschenrechtsverbrechen erwies sich – wie Heuss es vorausgesehen hatte – als «eine unerhört schwere Aufgabe». Nur sehr langsam und wechselvoll brach sie sich im Verlauf der 60er Jahre Bahn, als zunehmend wissenschaftliche Arbeiten, Bücher, Filme erschienen und endlich auch Strafprozesse zur Aufklärung des Geschehens stattfanden. Sie führten zur Besinnung und – vor allem bei jungen Menschen – zur kritischen Auseinandersetzung mit der Elterngeneration und oft auch zum persönlichem Engagement. Es waren die Jahre, als 1965 diplomatische Beziehungen mit dem Staat Israel aufgenommen und in der Folgezeit zahlreiche Kooperationsabkommen geschlossen wurden, als der damalige Bundeskanzler Willi Brandt im Dezember 1970 vor dem Mahnmal des Warschauer Ghettos niederkniete und die Ostverträge abgeschlossen wurden. Das war die Zeit des Begreifens, der Einsicht und wenn das Wort erlaubt ist – der Katharsis – der Bereitschaft zur «Reinigung», zur Buße und Umkehr. Und zwar nicht nur bei politisch Verantwortlichen, sondern in weiten Teilen der Gesellschaft.

Dazu haben vor allem christliche Initiativen beigetragen, zum Beispiel der *Arbeitskreis Christen und Juden beim Evangelischen Kirchentag*, der seit 1961 in bewundernswerter Offenheit um Gemeinsamkeiten im Bibelverständnis und um die Überwindung jahrhunderte alter Vorurteile ringt. Ich nenne die *Aktion Sühnezeichen/Friedensdienste* mit ihrem weltweit tätigen Aufbau-Engagement, und ich nenne die *«Christlich-Jüdischen Gesellschaften»*, mittlerweile 84 an der Zahl, die mit ihrer alljährlichen «Woche der Brüderlichkeit», mit ihren Jahresthemen, vorzüglichen Dokumentationen und Programmen, zum Beispiel ihre wichtigen Beiträge zur Aktion «Schule ohne Rassismus», und mit gelegentlich kritischen Stellungnahmen eine beständige und vorzügliche Arbeit leisten. Auch weicht sie heiklen und/oder kontroversen Fragen im jüdisch-christlichen Dialog nicht aus. Zum Beispiel: Was trennt und was eint Juden und Christen? – Ermüdungserscheinungen oder Krise in der christlich-jüdischen Zusammenarbeit? (anlässlich des Nahost-Konfliktes) – Ist der Dialog wirklich schon ein Dialog? – Das alles sind Langzeitprogramme.

Ich denke, dass es die unermüdlichen Vor- und Nachdenker in den genannten Gemeinschaften waren, die auf dem langen und mühsamen Weg der Vertrauensbildung entscheidend zu vertiefter Annäherung und Verständigung beitrugen und auch kritische Auseinandersetzungen nicht scheuten. Ich denke dabei an die vielen politischen, geistesgeschichtlichen und intellektuellen Beiträge, die zunehmend vor allem von Juden nachwachsender Generationen geleistet werden.

Viele Namen wären hier sowohl auf jüdischer als auch auf deutscher Seite zu nennen. Stellvertretend möchte ich nur an einen erinnern: Ignatz Bubis, der neben ungezählten offiziellen Verpflichtungen, die er mit Bravour absolvierte, mit hunderten von Schulklassen, mit hunderttausenden von Schülern diskutiert und fortwirkende Sympathie und Zustimmung errungen hat.

Aber es waren auch viele unbekannte Frauen und Männer – Juden und Nichtjuden, die sich um den mühsamen Prozess der Begegnung, der Verständigung und Vertrauensbildung verdient gemacht haben. – Ihnen allen, die im Sinne des Psalmwortes gewirkt haben und wirken, gebühren unser Dank und unsere Anerkennung!

Zu den ermutigenden Ergebnissen für erfolgreiche Kooperation und nachhaltiges Wirken im öffentlichen Leben zählen auch die Förderung von *Stätten der Erinnerung und Information*, oder von Verlagen, die sich – wie beispielsweise der Verlag C.H.Beck – diese Thematik zum Schwerpunkt gemacht haben. Desgleichen die Gründung zahlreicher *jüdischer Studien- und Forschungseinrichtungen* an unseren Universitäten. Jüdische Autoren bereichern unser kulturelles und publizistisches Leben. Gerade erst wurde in München ein erstes Gesamtverzeichnis jüdischer Literatur veröffentlicht und jüngst erhielt Amos Oz den Goethe-Preis der Stadt Frankfurt. Der Erfolg des ersten *jüdischen Films* «Alles auf Zucker», war großartig, Klezmer-Musik begeistert nicht nur die junge Generation. Und so weiter. – Höhepunkt und Symbol für die Bereitschaft zur versöhnungsbereiten Begegnung war zweifellos der Besuch des aus Deutschland stammenden *Papstes in der Kölner Synagoge* beim Klang des Schofar-Hornes, das nur bei hohen jüdischen Feiertagen erklingen darf.

Nicht zu vergessen sind auch die vielen *Beiträge von Kommunen, Kirchen und Bürgerinitiativen* bei der Errichtung neuer Synagogen und jüdischer Gemeindezentren (Beispiel München), von Kindergärten und Schulen, um die infolge der

Einwanderung russischer Juden rasch anwachsenden jüdischen Gemeinden bei der Erfüllung ihrer Aufgaben zu unterstützen. Oft empfinde ich es fast wie ein Wunder: Nach 1945 lebten etwa 25 000 Juden in Deutschland – heute sind es über 100 000, darunter vielfältig engagierte und begabte junge Menschen, die entschlossen und fähig sind, sich in ihrer neuen Heimat zu bewähren und, wie ich hoffe, auch wohlzufühlen. – Ich erlebe auch das Engagement ungezählter deutscher *Schulklassen und Jugendgruppen*, die sich – oft gegen Unwilligkeit und gelegentlichen Widerstand ewiggestriger Mitbürger – für die Aufarbeitung des Schicksals früher örtlich ansässiger Juden und überlebender Zwangsarbeiter engagieren. Junge Menschen, die helfen, geschändete jüdische Friedhöfe instand zu setzen oder gegen wieder anwachsenden Antisemitismus, Rassismus und Fremdenhass aktiv werden (Beispiele Wunsiedel, Wurzen etc.). Sie handeln im Sinne der Aufforderung von Richard von Weizsäcker in seiner historischen Rede zum 40. Jahrestag der Befreiung von der menschenverachtenden NS-Diktatur, als er bekräftigte, dass nachwachsende Generationen nicht verantwortlich seien für das, was damals geschah, wohl aber *«verantwortlich dafür, was in der Geschichte daraus wird»*. Und er fuhr damals fort: *«Wir Älteren wollen ihnen dabei helfen, warum es lebenswichtig ist, die Erinnerung wach zu halten … Wir wollen ihnen helfen, sich auf die Geschichte nüchtern einzulassen, ohne Flucht in utopische Heilslehren, aber auch ohne moralische Überheblichkeit.»* Dieser Auftrag gilt nach meiner Überzeugung auch in Zukunft.

Zu den positiven Entwicklungen gehören auch die *(außen-)politischen deutsch-israelischen Beziehungen*, die von exzellenten, der Aufgabe mit Leib und Seele verpflichteten deutschen und israelischen Diplomaten «aus dem Nichts» und oft unter Schmerzen und Rückschlägen, millimeterweise aufgebaut und entfaltet wurden. Da ich viele dieser Aufs und Abs in unseren deutsch-israelischen Beziehungen als Staatsministerin im Auswärtigen Amt zwischen 1976 und 82 miterlebt habe (und die «Aufs», zum Beispiel bei der Intensivierung des Jugendaustausches, gelegentlich mitgestalten durfte), weiß ich, dass gerade dieser Teil deutsch-jüdischer Beziehungen zu einem stabilen Faktor, ja zu einer Erfolgsgeschichte wurde. – Dies alles ist in einem zeitgeschichtlich hochinteressanten Buch nachzulesen, das zum 40. Jahrestag der Aufnahme diplomatischer Beziehungen unter dem Titel *«Dorniger Weg zur Partnerschaft»* von den ehemaligen Botschaftern Niels Hansen und Asher Ben Natan herausgegeben und mit Beiträgen aller israelischen und deutschen Botschafter vertieft wurde.

Auch darauf lässt sich weiter bauen.

IV. Verpflichtung zur Wachsamkeit

Ja, es gibt eindrucksvolle Beispiele für die vielfältigen positiven Erfahrungen mit der erstaunlich wirklichkeitsnahen Sinnstiftung des Psalmwortes, mit Tränen säen zu müssen, um mit Freuden ernten zu können. Es darf uns zuversichtlich stimmen, dass ungezählte aufrichtige Bemühungen zur Übernahme kollektiver und individueller Verantwortung für die Verbrechen während der Nazi-Zeit nicht vergebens waren und Früchte tragen. – Das betone ich angesichts neuer Herausforderungen, die die erfreulichen Aspekte der deutsch-jüdischen Beziehungen immer wieder überlagern und belasten und vor denen wir die Augen nicht verschließen dürfen. Ich meine die alten und die neuen Dimensionen des *Antisemitismus*. Zum einen sind es die Mölle- und Hohmänner, die Walsers und all die, die mit dubiosen antijüdischen Anspielungen vom Beifall aus dem rechten Lager profitieren. Neben diesem, dem altbekannten manifesten und latenten *Antisemitismus*, der unverändert etwa 15 bis 20

Prozent der Bevölkerung betreffen soll, hat sich jedoch auch hierzulande jene neuartige, nicht minder aggressive Mixtur eines zumeist aus islamischen Ländern importierten und global verbreiteten *Antijudaismus, Antizionismus* und zudem eines – als Schutzmacht Israels – hasserfüllten *Antiamerikanismus* entwickelt. Auch das muss ich ansprechen, weil es uns Deutsche besorgen und herausfordern muss.

Diese Varianten des Judenhasses werden oft als (an sich selbstverständlich nicht verbotene) Kritik an israelischer Politik im Nahostkonflikt verbrämt, und dabei werden die Argumente der Todfeinde Israels übernommen. Diese einseitige, das Existenzrecht Israels in Frage stellende (zumindest gefährdende) Argumentation darf in Deutschland keinesfalls «salonfähig» werden. Auch ist es nicht erlaubt hinzunehmen, dass einseitige Israel-Kritik als indirekte Entlastung vom deutschen Schulddruck verbreitet wird. – Der Dauerstreit, ob und wieviel Kritik an israelischer Politik geübt werden darf, ist meines Erachtens dann müßig, wenn unmissverständlich klar ist, dass das Existenzrecht Israels in gesicherten Grenzen – deutscherseits – direkt oder indirekt nicht nur nicht in Zweifel gezogen werden darf, vielmehr unmissverständlich garantiert wird. Diese Garantie muss für unsere Nahostpolitik als eine Art «ceterum censeo» gelten. – Ich sage das aus aktuellem Anlass!

V. Versuch einer Bilanz

Sechzig Jahre Nach-Hitler-Zeit: Wie lässt sich die Geschichte des deutsch-jüdischen Verhältnisses resümieren? Ist vorsichtiger Optimismus erlaubt? Ich denke ja, wenn wir dabei wachsam und realistisch bleiben. Wenn bei offiziellem Anlässen immer wieder mal von «Normalität» die Rede ist, sie geradezu beschworen und gelegentlich sogar sinngemäß verkündet wird – und das nicht nur von Rechts und hinter vorgehaltener Hand –, dass *«die Schonzeit zu Ende»* sein solle, dann sind meinerseits Zweifel und Widerspruch geboten. Ich denke, dass von «Normalität» solange nicht die Rede sein kann und darf, als das deutsch-jüdische Verhältnis, trotz aller erfreulichen Entwicklungen nach wie vor *auf einer «labilen Grundlage»* steht; so hat es Samuel Korn formuliert. Und das kann doch auch gar nicht anders sein. «Normalität» muss wachsen, und dafür brauchen wir auch künftig Verständnis und Verständigung, Ausdauer, Geduld, Wachsamkeit: Solange jüdische Einrichtungen in unserem Land von rechtsextremen oder islamistischen Übergriffen bedroht sind und Tag und Nacht bewacht werden müssen, solange jüdische Kinder nicht sorglos herumtollen können, solange es passiert, dass deutsche Staatsbürger jüdischer Religion als «Israelis» tituliert und kategorisiert werden (wie zum Beispiel Ignatz Bubis, als er nach einer Rede des damaligen israelischen Staatspräsidenten Chaim Herzog im Deutschen Bundestag von einem nicht unbekannten Deutschen gefragt wurde, wie ihm denn die Rede *seines* Staatspräsidenten gefallen habe), solange kann und darf doch von «Normalität» im deutsch-jüdischen Zusammenleben (noch) nicht die Rede sein.

Auch weiterhin gilt es, die Weisheit des 126. Psalms zu beherzigen, dass *Tränen der Erinnerung gesät werden müssen, bevor wir die Freuden einer vertrauensvollen, vielleicht sogar freundschaftlichen Verbundenheit ernten können.* –

Das ist es, wozu ich mit meiner Dankesrede für die mir zugedachte Ehrung einen kleinen Beitrag leisten wollte!